Birgitt Morrien
Coaching mit DreamGuidance

Birgitt Morrien

Coaching mit
DREAMGUIDANCE

Wie berufliche Visionen
Wirklichkeit werden

Unter Mitarbeit von Diane Zilliges

Kösel

Für Ursula und Elisabeth Morrien

Verlagsgruppe Random House FSC-DEU-0100
Das für dieses Buch verwendete FSC®-zertifizierte Papier
Classic 95 liefert Stora Enso, Finnland.

Copyright © 2012 Kösel-Verlag, München,
in der Verlagsgruppe Random House GmbH
Umschlag: Weiss Werkstatt, München
Umschlagmotiv: plainpicture/Image Source
Druck und Bindung: GGP Media GmbH, Pößneck
Printed in Germany
ISBN 978-3-466-30948-1

www.koesel.de

Inhalt

Vorwort   9
  Das Glück, der eigenen Bestimmung zu folgen   9
  Zu diesem Buch   11

KRISENZEIT – oder warum Brüche Chancen sind   **15**
Umbrüche – oder woran wir uns orientieren können   16
  Der Sinn von Brüchen   17
  Initiation als Wachstumsschub   19
  Übergangsrituale   21
  Mit Brüchen »ausgezeichnet«   22

Stress – oder warum sich eine Coaching-Auszeit lohnt   24
  Kleine und große Auszeiten   25
  Das Drängen nach Wissen und kreativer
    Selbstentfaltung   26

Ganzheitlichkeit – oder wie die Sache rund wird   28
  Ein Mensch, viele Ebenen   28
  Ganzheitliche Beratung   29
  Spielerisch Ideen anlocken   31

DREAMGUIDANCE – oder was die Methode ausmacht   **33**
Von der Traumwelt geführt – oder warum die Kraft des
Unbewussten mit ins Boot gehört   35
  Die Zertrümmerung des Traumtabus   35
  Frühe Jahre   37

Träume als innere Leitbilder   39
Nächtliche Träume   41
Tagträume und geführte innere Reisen   43
Humor und Überraschung   46

Äußere Fakten – oder was für die Aufgaben von
DreamGuidance interessant ist   48
    Mein Weg zur DreamGuidance-Methode   48
    Die Menschen, die mich aufsuchen   50
    Angestellt oder frei?   53
    Wissenschaftlich untermauert   60

Was heißt Erfolg? – Oder welche Wege zum Glück
führen können   62
    Beispiele unterschiedlichen Gelingens   62
    Erfolg hat viele Gesichter   73

Beruflich und privat – oder warum das Leben auch
im Coaching ein Ganzes ist   75
    Familiäre Last – familiäre Kraft   79
    Die berühmte Work-Life-Balance   81

Esoterisch? Spirituell? Wirtschaftlich? – Oder warum
es einfach eines ist: ganzheitlich   83

VIER PHASEN – oder wie Sie einen tiefen
Wandel kreieren   85
Selbstcoaching – oder wie Sie für sich allein ein
gutes Stück vorankommen   87
    »Und jedem Anfang wohnt ein Zauber inne …«   89
    Nehmen Sie sich Zeit   90

Die Macht der Sprache – oder wie Worte Ihnen
auf die Sprünge helfen   93

   Schreiben bringt Bewusstheit   93

   Worddropping – oder wie Sie …, indem Sie …, um zu …   94

I. Positionsanalyse – oder wie Sie herausfinden,
wer Sie heute sind   99

   Die Map of Balance   100

   Berufsbezogene Ahnenforschung   106

   Lebensmaximen   111

   Erfolgsprinzipien   116

   Kontaktfeldanalyse   118

   Wertschätzung ist Ihr Kapital   121

II. Vision – oder wie Sie erträumen,
wer Sie morgen sein wollen   125

   P/Review   125

   Die Zielableitung   145

   Colour Diving   149

   Klänge zur Inspiration   151

   Rollenspiele und Traumstellen   152

   Ungewöhnliche Entscheidungshilfen   158

III. Strategie – oder wie Sie zu dem werden,
was Sie sein wollen   160

   Etappenziele beleuchten   160

   Der Aktivitätenplan   164

   Authentisch dem eigenen Weg folgen   168

IV. Transfer – oder wie Sie Ihre Ziele umsetzen   172

   Raus ins Leben!   174

   Veränderungen brauchen ihre Zeit   177

   Selbstständig dranbleiben   180

Mit Rückschlägen umgehen   182
In die Zeit verliebt   185

Zum Abschluss: DreamGuidance als Lebenshaltung   187

Die zitierten Coachees und gecoachten Journalisten   190

Anmerkungen   199

Literatur   202

Vorwort

Der Begriff »Wandel« ist in aller Munde. Die Finanzmärkte, die Arbeitswelten, die Familienstrukturen, das Klima – alles wandelt sich. So merkt auch jeder einzelne Mensch immer häufiger, dass er sein Denken und Handeln, ja Leben ab und an umschichten muss, wenn er nicht den Anschluss verlieren will. Zudem hat sich unser Anspruch ans Leben verändert: Wir wollen heute nicht einfach nur »durchkommen«, wie es für einige frühere Generationen zumindest phasenweise ausreichend schien. Wir wollen glücklich sein – und machen es uns damit nicht unbedingt leichter. Dass es aber in vielerlei Hinsicht privat und gesellschaftlich lohnt, diesen Anspruch auch und gerade in einer sich wandelnden Welt hochzuhalten, davon berichtet und dahin lockt dieses Buch.

Das Glück, der eigenen Bestimmung zu folgen

Können Sie sich ein Leben vorstellen, in dem Sie täglich das tun, was Sie gern tun, sich darin weiterentwickeln, immer besser und dabei natürlich auch immer zufriedener werden und sich obendrein noch gut bezahlt fühlen? Den meisten scheint dieses Glück fern und unmöglich zu erreichen. Doch wie viele sehnen sich trotz allem danach! Wir wissen – wenn auch oftmals vielleicht nur als unbewusstes Ahnen –, dass unser Glück wesentlich damit verbunden ist, ob wir dem folgen können, was sich als »unsere Bestimmung« bezeichnen ließe. Für diese Bestimmung haben wir Potenziale, Neigungen und meist schon in der Kindheit erkennbare Vorlieben in uns, die auszuleben uns Freude machen und uns zu Höchstleistungen antreiben. Wenn wir das tun, was uns entspricht, sind wir besonders gut darin und haben oft Außergewöhnliches zu bieten. Der Erfolg ist das natürliche Resultat, auch wenn er gar nicht unbedingt die treibende Absicht war. Viele Beispiele aus der Kunst wie der Wirtschaft zeigen das. Der Alltag der meisten Menschen allerdings spiegelt das nicht wider. Da stehen oft Pflichterfüllung, purer Gelderwerb und leider auch Druck, Stress und Ängste im Vordergrund.

Bietet unsere Welt wirklich nur einigen wenigen den Raum für das Glück, der eigenen Bestimmung zu folgen? Ich sage eindeutig: nein. Diesen Raum kann man sich schaffen, umso mehr in einer Zeit, in der uns mehr Wege offenstehen als jemals zuvor in der Geschichte. Dass dies nicht nur als Idee, sondern auch praktisch möglich ist, zeigen zahlreiche meiner KlientInnen. Nach einigen Coachingsitzungen konnten sie sich zielstrebig ihre Träume erfüllen: zur erfolgreichen Schriftstellerin werden, sich mit einer Agentur selbstständig machen, trotz Wirtschaftskrise gut von der Kunst leben oder eine erfüllende Work-Life-Balance realisieren.

Die Techniken, mit denen meine Methode die nötigen Kräfte in Ratsuchenden hervorlockt, mögen vielen ungewöhnlich erscheinen: Neben eher analytisch orientierten Konzepten der klassischen Beratung setze ich im Coaching ergänzend geführte Träume, innere Bilder und auch schamanische Techniken ein. Ich folge dabei einem Ablauf in vier grundlegenden Schritten, den Sie in diesem Buch im dritten Hauptkapitel genauer kennenlernen werden. Doch natürlich wähle ich flexibel stets das aus, was im Moment richtig und hilfreich zu sein verspricht. Meine KlientInnen suchen mich in Krisen auf, weil sie beruflich nicht weiterkommen, die Arbeit ganz verloren haben, im Burnout stecken oder auch gelangweilt in der Routine unterzugehen drohen. Bloßes Sprechen, Analysieren und Planen hilft da erfahrungsgemäß allenfalls kurzfristig weiter. Mit dem von mir seit den 1990er-Jahren entwickelten Beratungskonzept »DreamGuidance« rege ich die Menschen zu einem Wandel an, der von innen heraus ihr Leben nachhaltig verändern kann. Oder wie es der FAZ-Autor Christian Schneider ausdrückt:

DreamGuidance »… bietet ein Verfahren an, das geeignet scheint, Zugang zu jenen verschütteten Potenzialen zu schaffen, die tatsächlich maßgeblich über den Erfolg im Beruf entscheiden«[1].

Wandel geht immer mit Herausforderungen einher, mit Unsicherheiten, Ängsten, Phasen der Orientierungslosigkeit. Dann heißt es, sich von etwas Altem zu verabschieden und etwas Neues zu wagen – im Persönlichen genauso wie auf der globalen Ebene. Albert Einstein hat gesagt: »Probleme kann man niemals mit der Denkweise lösen, durch die sie entstanden sind.« Dieser Satz könnte auch das Motto von DreamGuidance sein, das über die rationale und emotionale Intelligenz hinaus auch die intuitive Intelligenz systematisch nutzt. Auf diese ganzheitliche Weise öffnet sich der Neuorientierung Suchende für Gedanken, die er noch nie gedacht, für Gefühle und Sehnsüchte, Wünsche und Möglichkeiten, die er nie zuvor wahrgenommen hat und die sich nun aus seinem Inneren heraus Gehör verschaffen. Es entsteht das Vertrauen, ja das Wissen in ihm, dieses nie Gedachte, nur unbewusst Ersehnte, dieses ihm Ur-Eigene erreichen und leben zu können. Und genau dazu möchte Sie dieses Buch einladen, dessen Angebote Sie beruflich nutzen, aber auch auf andere Lebensbereiche ausweiten können.

Zu diesem Buch

Es gibt bereits Bücher über DreamGuidance, die ich als Einzelautorin und im Falle des sehr praktisch gehaltenen Lüchow-Ratgebers *Erfolg mit DreamGuidance* gemeinsam mit Iris Hammelmann veröffentlicht habe. Zuvor gab es *Traumhaft gelöst*, eine Art Coaching-Lesebuch, das sich vor allem intuitiv, assoziativ, mit vielen Einzeltexten, Gedichten und Zitaten der Coachingarbeit nach meiner Methode widmete. Sehr stark sachlich hingegen und mit einer Vielzahl von wissenschaftlichen und populärwissenschaftlichen Quellen versehen machte 2001 mein erstes Buch *Dream-Guidance* erstmals in einer umfassenden Weise auf diese Methode aufmerksam und stellte vor allem all die Hintergründe dar, aus denen sich die Grundidee und die Techniken herleiten.

Warum also nun ein weiteres Buch zum Thema? Die Antwort ist dreiteilig. Zum einen: Ich entwickle mich weiter, die Methode entwickelt sich weiter. Mit beinahe jeder Klientin, jedem Klienten, die ich berate, wird auch mir wieder etwas in einer neuen Weise bewusster und klarer – und das möchte ich gern darstellen, da ich davon ausgehe, dass es auch für Sie als Leserin oder Leser an der einen oder anderen Stelle interessant und hilfreich sein könnte. Zudem erhielt ich mittlerweile eine große Zahl an ausführlichen Feedbacks von Coachees, die das, was durch DreamGuidance ausgelöst wird, in einer einzigartigen Weise darstellen, die mir zu zeigen zuvor so nicht möglich gewesen ist. Ein dritter Aspekt, der dieses Buch zu etwas wiederum gänzlich Neuartigem macht, ist die Zusammenarbeit mit meiner diesmaligen Co-Autorin Diane Zilliges. Mit ihrem Verständnis der Methode und ihrem Blick auf die ganzheitliche Entwicklung individueller Potenziale ließ sie eine ganz eigene Handschrift einfließen und stellte mein langjährig entwickeltes Angebot auf eine selbst für mich faszinierend neue Weise dar.

Drei Ebenen werden sich nun in den folgenden Kapiteln verschränken: Die Methode DreamGuidance wird vorgestellt und plausibel erläutert. Sie erhalten nach und nach alle Informationen darüber, wie und warum die Methode funktioniert. Da Erklärungen selten so nachhaltig greifen wie authentische Erfahrungsberichte, kommen im Buch die KlientInnen, die mit DreamGuidance gecoacht wurden und darüber schrieben, selbst zu Wort. Ihre Berichte über beruflichen und persönlichen Wandel zeigen nachvollziehbar und ermutigend auf, was mit dieser Arbeit möglich ist. Erfahrungswissen aus erster Hand hat damit einen großen Stellenwert im Buch und gibt Ihnen nicht zuletzt einen guten Schuss Motivation für ein Selbstcoaching.

Denn auch dafür wurde dieses Buch geschrieben: Es möchte Sie ermutigen, selbst zu suchen: nach dem Glück, der eigenen Bestimmung zu folgen. Praktische Anregungen befähigen Sie, sich aktiv in Richtung berufliche und menschliche Erfüllung zu entfalten. Zu den vier grundlegenden Phasen von DreamGuidance werden jeweils Übungsangebote unterbreitet, die Sie auch ohne Coach wirkungsvoll umsetzen können. Wenn Sie sehr ungeduldig sind und möglichst noch heute eine Veränderung anstoßen wollen, können Sie selbstverständlich auch mit diesem dritten Buchteil beginnen. All die Informationen vorab können allerdings bewirken, dass Sie die Hintergründe besser verstehen und den Prozess dadurch noch tiefer wirksam werden lassen. Doch unabhängig davon, wie intensiv Sie aktuell an sich und Ihrem Lebensweg arbeiten wollen: Die Anregungen, die Sie auf den folgenden Seiten finden, sollen Sie bereichern, inspirieren und neugierig machen auf all das, was vielleicht noch gänzlich unentdeckt als kreatives Potenzial in Ihnen schlummert.

Ich wünsche Ihnen von Herzen viel Freude und Erfolg auf Ihrem Weg!

KRISENZEIT –
oder warum Brüche Chancen sind

Dieses Buch könnte Sie interessieren, wenn Sie

- sich für sinnstiftende Karrieren begeistern,
- sich beruflich in einer Krise oder Wandlungsphase befinden und bereit sind, sich neuen Möglichkeiten zu öffnen,
- nach außen hin erfolgreich sind, sich innerlich aber leer und unerfüllt fühlen,
- nach Jahren des angestellten oder selbstständigen Tuns in einen routinierten Trott geraten sind, den Sie wieder verlassen wollen,
- äußere Anforderungen besser mit dem innerem Wollen in Einklang bringen möchten,
- einen Burnout erleben oder immer wieder die lauernde Gefahr eines solchen spüren,
- finanzielle Engpässe trotz engagierten Tuns hinnehmen,
- Ihre Lösungskompetenz erweitern möchten,
- Zweifel an Ihrem Weg haben und nach dem richtigen, dem stimmigen Weg für sich suchen,
- ein neues Projekt vorbereiten oder bereits starten,
- nach Erfüllung und der vollständigen Entfaltung Ihrer Potenziale suchen,
- das Gefühl haben, dass alles bestens läuft, zugleich aber wissen: Da geht noch mehr.

Umbrüche – oder woran wir uns orientieren können

Kaum eine Biografie kommt heute ohne Brüche aus, ohne Wendepunkte, Phasen der Unsicherheit, des Abschieds und des Neuanfangs. Die für mich spannende Frage dabei ist: Woran orientiert sich der Einzelne in diesen Momenten? Welche Parameter sind maßgeblich für anstehende Entscheidungen? In einer Umbruchsituation – und unser heutiges Leben ist auf vielen Ebenen voll davon – gilt ja meist das nicht mehr, was bis dahin Gültigkeit hatte. Maßstäbe, Ziele, Ideen, mit denen wir vor einiger Zeit angetreten waren, haben ihre Bedeutung verloren, sich als nicht funktionierend herausgestellt oder sind uns zu klein geworden. Sie stehen nicht mehr zur Verfügung, waren doch aber das, was wir damals nach bestem Wissen und Gewissen für unseren Weg ausgewählt hatten. Sie trugen uns eine Zeit lang und können das nun nicht mehr. Das einzusehen ist bereits ein Prozess, der nicht selten zögerlich und von Schmerzen begleitet verläuft. Und doch ist er notwendig.

Was aber tritt an die Stelle der alten Grundsätze? Woran halten und orientieren wir uns nun? Wir haben die Möglichkeit, in einer solchen Situation dem zu folgen, was uns andere raten, empfehlen oder was sie sogar von uns fordern. Wir können unser Weitergehen an Prognosen aus den Medien ausrichten – was ist angesagt, was dürfte jetzt Gewinn versprechen? Ein solcher Umgang mit der Krise kann erfolgreich sein. Die Erfahrung zeigt aber, dass spätestens nach ein paar Jahren häufig zutage tritt, dass dieser Weg nicht mit den ureigenen Bedürfnissen und Befähigungen der oder des Betreffenden übereinstimmt. Neue Krisen und Zusammenbrüche sind die Folge. Wieder wird der Mensch gezwungen, die Weichen neu zu stellen.

Der Sinn von Brüchen

Brüchige Biografien sind moderne Biografien. Nonlineare Lebensverläufe sind zunehmend der Normalfall. Fällt die Kontinuität weg, die man früher meist von den Eltern und Großeltern kannte, stellt sich leicht ein Gefühl der Verlorenheit ein. DreamGuidance bietet mit seiner Kerntechnik, der P/Review (siehe ab Seite 125), einen weiten Bogen von der Vergangenheit bis in die späte Zukunft, der als innerer Leitfaden dienen kann.

Anhand solcher Leitfäden ist zu sehen, dass in der Regel die Menschen außergewöhnlichen Erfolg haben, die einen außergewöhnlichen Weg gegangen sind. Der Erfolg selbst ist sehr begehrt, der Weg dorthin allerdings, der auch durch karge Landschaften oder gar Wüsten führen kann, wird oft gescheut. Doch Brüche sind Teil des für jede Entwicklung nötigen Auf und Abs. Und Menschen, die Brüche erlebten, haben genau dadurch häufig zu ihrer wahren Kraft gefunden. Ihre Krisen wurden zu Befreiungskrisen. Das Leben gab ihnen den Anstoß, den sie brauchten, um den nächsten Schritt zu wagen.

Ich betrachte einen Bruch als eine Chance, das Bisherige infrage zu stellen. Krisen setzen große Energien frei, anfangs vielleicht vor allem die der Angst. Sie gehen uns extrem nahe, da sie immer einen Abschied bedeuten. Wir merken, dass etwas Gewohntes, lange Eingeübtes, zu einem Muster Gewordenes nicht mehr funktioniert oder nicht mehr gelebt werden kann. Der langjährige Arbeitsplatz ist weg, eine Krankheit zwingt uns zum Pausieren, Erschöpfung und Burnout zeigen uns, dass wir nicht mehr so weitermachen können. Das Vertraute der Vergangenheit bedeutet für uns Sicherheit, die in der Krise wegschmilzt oder uns sogar mit einem Schlag entrissen wird. Das macht verständlicherweise Angst. Wegen genau dieser Angst verbleiben wir auch oft in Routinen, die uns gar nicht mehr guttun, die unserer Gesundheit, unserer Weiterentwicklung, unserem Wohlbefinden schaden. Doch ein Verharren in einer wenn auch leidvollen Lebensform erscheint uns oft besser als der Aufbruch ins Unbekannte. Es könnte besser sein, sicherlich, aber es könnte auch noch schlimmer kommen – also lieber stillhalten und hoffen.

Stehen wir schließlich vor einer ausgewachsenen Krise, gibt es kein Ausharren mehr, und dann ergreift uns üblicherweise Angst. Die Umstände zwingen uns, umzudenken, anders zu handeln oder doch zumindest einzusehen, dass das Festhalten am Alten keine Option mehr ist. Wo aber ist das Neue? Welchen Ausweg können wir nutzen? Brennende Fragen, auf die sich jetzt keine Antworten zeigen wollen. So versuchen wir uns oftmals doch noch einige verzweifelte Male am Bisherigen festzuklammern, auf Wunder zu hoffen oder auf das Erwachen aus einem bösen Traum. Die Realität aber erweist sich als stärker – sie ist, wie sie ist.

Mit all dieser Dynamik ist die Krise der perfekte Zeitpunkt dafür, neue Perspektiven zu entwickeln. Das bislang Gültige trägt nicht mehr, zugleich ist noch nichts Neues in Sicht, das tragen könnte. In dieser Lücke ist der beinahe magische Raum, bisher Ungeahntes zu entwickeln. Fast alle alten Kulturen der Menschheitsgeschichte wussten um diese Zusammenhänge. Die Krisen mögen in früheren Jahrhunderten gänzlich andere Gesichter gezeigt haben. Doch ihr Grundmuster hat etwas gleichsam Archetypisches, das sich auch in der Natur zeigt: Wachstum und Vergehen gehören untrennbar zusammen. Altes, Absterbendes bereitet den Boden für das Neue.

■ Ich war es gewohnt, mindestens ein halbes Jahr im Voraus meine Auftragslage einschätzen zu können. Durch Umstrukturierungen und Sparmaßnahmen im öffentlich-rechtlichen Rundfunk sah die Situation jedoch plötzlich anders aus. Das machte mir Angst – Existenzangst. Teilweise bekam ich panikartige Anfälle, die ich nie zuvor erlebt hatte. Aus lauter Sorge, nicht über die Runden zu kommen, raffte ich jeden noch so kleinen Auftrag an mich. Dabei verzettelte ich mich so sehr, dass mein Zeitmanagement – so ich denn je eines besessen hatte – total in sich zusammenbrach. Ich wusste, so konnte ich auf Dauer nicht weitermachen.

KATHRIN WAGNER ■

Initiation als Wachstumsschub

Schwere Einbrüche in der beruflichen Laufbahn, insbesondere das vorzeitige, ungeplante, wenn auch vielleicht nur vorläufige, so doch momentan als absolut erlebte Ende einer Karriere, werden als »sozialer Tod« erlebt. In einer stark auf Leistung ausgerichteten Gesellschaft beginnt die Orientierung auf das eigene Tun, Abschneiden und erfolgreich Konkurrieren bereits im frühen Kindesalter. Ein Großteil der persönlichen Identifikation beim Erwachsenen gehört dem Beruflichen: Ausbildung, Karriereschritte, Position, Reputation, Einkommen und Status. Bricht das alles plötzlich weg, scheint der Betroffene vor dem Nichts zu stehen. Selbst wenn das Karriereende finanziell aufgrund früher angehäufter Güter kein wirkliches Problem darstellt, ist mit einem Mal all das weg, was denjenigen in seinen eigenen Augen ausgemacht hat. Der Mensch, den es einmal gab, scheint tot zu sein. Er erfährt diesen Bruch nicht selten tatsächlich als ein – äußerst schmerzhaftes und von Scham- und Schuldgefühlen begleitetes – Sterben.

Zu diesem Thema war ich 2010 Gast einer Talkrunde des Deutschlandfunks.[2] Schwerpunkt dieser Sendung war die Reflexion über berufliches Scheitern. Zu Gast war unter anderem Heide Simonis, die fünf Jahre zuvor ein abruptes Karriereende als Ministerpräsidentin von Schleswig-Holstein hatte verkraften müssen. Es hatte ihr eine einzige Stimme aus der zuvor verabredeten Koalition gefehlt, gewissermaßen aus den eigenen Reihen, was die in der Presse dann sogenannte Heidemörder-Debatte ausgelöst und einen tiefen Sturz der bislang sehr erfolgreichen Politikerin zur Folge hatte. In der Sendung dazu befragt, sprach Frau Simonis unter anderem von einem großen Loch, vor dem sie damals beinahe schockartig stand und noch immer stehe. Ich entgegnete ihr, dass dieses Loch ein tiefer Brunnen sei, in den zu tauchen es sich in einer solchen Situation sehr lohne. Aus einem Brunnen holen die Menschen jahrtausendelang das, was wir zum Leben brauchen: das Wasser. Im übertragenen Sinne lässt sich auch das daraus schöpfen, was wir brauchen, um in einer Krise wieder auf die Beine zu kommen und unser Leben neu auszurichten.

In diesen Brunnen hineinzusteigen und in seine Tiefen abzutauchen, erfordert Mut. Und doch ist es der Weg, der nicht nur aus meiner Erfahrung heraus die größten, weil nachhaltigen Erfolge verspricht. Carlo Zumstein, promovierter Psychologe und einer der europaweit führenden Vertreter des Core-Schamanismus, spricht im Zusammenhang mit der Depression davon, dass die Heilung gerade dadurch angestoßen werden kann, dass man das Dunkel, in das man sich gezogen fühlt, nicht scheut, sondern hindurchtaucht, um auf der anderen Seite das bislang Fehlende zu finden.[3] Die Krankheit wird so gewissermaßen zu einer schamanischen Initiation. Und zu dieser gehört traditionell ebenso wie in heutigen therapeutischen Situationen eine Zerstückelung – nicht im physischen Sinne, aber doch als erschreckend real erlebt –, nach der man neu zusammengesetzt mit weitaus mehr Kraft und Wissen als zuvor seinen Lebensweg neu aufnehmen kann. Joachim Faulstich spricht in seinem überaus lesenswerten Buch *Das Innere Land* ausführlich von solchen Erfahrungen, die er als »machtvolles Mittel der Transformation«[4] bezeichnet.

Übergangsrituale

Der Klassiker unter den Büchern, die sich mit solchen Prozessen befassen, ist zweifelsohne *Les rites de passage* von Arnold van Gennep. Das auf Deutsch als *Übergangsriten*[5] erschienene Grundlagenwerk der Kulturanthropologie beschreibt das grundlegende Schema von Initiationen auf eine Weise, die sich auch auf berufliche und persönliche Krisen anwenden lässt. Initiationsrituale, beispielsweise die der Aufnahme der Jugendlichen in den Stand der Erwachsenen, folgen seit uralten Zeiten einem dreiteiligen Schema: Trennung vom Alten, Wandlung innerhalb der Unsicherheit »zwischen den Welten« und schließlich das Ankommen im Neuen. Genau dieses Muster können wir bei Krisen beobachten: Einer Zeit des Abschieds vom Bisherigen folgt eine Phase der Verunsicherung, in der sich keine festen Größen zur Orientierung anbieten. Wird dieser Abschnitt mit allem Bangen und Hoffen durchlebt, scheint irgendwann ein Licht am Horizont auf: eine neue Idee, neue Angebote, neue Wege des weiteren Handelns. Die Krise ist beendet, ein neuer Abschnitt lockt und kann – wie in den Initiationsritualen seit jeher üblich – gebührend gewürdigt und gefeiert werden.

Wie lange die einzelnen Phasen dauern, ist höchst unterschiedlich. In alten Traditionen, in denen die Jugendlichen eines festgelegten Tages aus dem Dorf verbannt, vielleicht Proben ihrer Tapferkeit unterzogen und schließlich nach einer Zeit der Entbehrungen als Erwachsene zurück ins Dorf gebracht werden, sind solche Prozesse zeitlich klar umrissen. Ist es hingegen das Leben, das uns solche Wandlungszeiten auferlegt, gibt es keine Terminpläne. Ich kenne Fälle, in denen eine Krise, sogar wenn sie von einem Coaching begleitet wurde, Jahre des Misserfolgs auslöste. Irgendwann aber kam doch der Erfolg, und dann größer als je erträumt. Er schien im Verborgenen gereift zu sein und hatte wohl zunächst viel vom nicht mehr stimmigen Alten wegräumen müssen, bis er strahlend hervortreten konnte. Meist allerdings durchlaufen die Menschen – vor allem, wenn sie sich professionell unterstützen lassen – die drei Phasen etwas zügiger.

■ Vor dem Punkt zu stehen, nicht mehr zu wissen, welcher Schritt nun der nächste sein sollte oder konnte angesichts der wirtschaftlichen Lage, bedeutete für mich den Beginn der ganz großen Krise. Ich hielt meine Arbeit schlicht und ergreifend für sinnlos. Selbstzweifel und Ratlosigkeit wurden bald zum tragenden, mich täglich begleitenden Gefühl während der Arbeit. Trotz meiner schier endlosen Energie war ich kraftlos.

BRIGITTE BRETERNITZ ■

Mit Brüchen »ausgezeichnet«

Ich selbst kenne Krisen persönlich auch sehr gut. Auch mein Leben ist von scheinbaren Irrwegen, Dekonstruktionen und Entscheidungen gekennzeichnet, die man im Nachhinein als Fehler bezeichnen könnte. »Richtige Fehler« allerdings, die ich nicht wider besseren Wissens, sondern in der momentanen Gewissheit, das Beste zu tun, begangen habe. Immer wieder brachten mich die Unzufriedenheiten, Einbrüche und Schmerzphasen dazu, innezuhalten, mich und mein Wollen und Können neu zu überdenken, die Marschroute neu festzulegen und nach einer Verschnaufpause mit frischem Mut wieder aufzubrechen. Heute bezeichne ich mich ebenso wie viele meiner KlientInnen als »mit Brüchen ausgezeichnet«. Ich bin dankbar für diese Phasen, die mich maßgeblich zu der gemacht haben, die ich heute bin. Darüber hinaus erfahre ich, dass andere daraus Mut schöpfen können, einer Frau zu begegnen, die positiv an Krisen herangeht und selbst welche gemeistert hat. Da ich meinen Coaching-Ansatz als einen Weg aus der Krise verstehe, ist es absolut nötig, dass ich selbst weiß, wie es sich anfühlt, in der Krise zu stecken.

Mit dem tieferen Wissen um das Krisenhafte, das ich hier ein wenig umrissen habe, lässt sich gewiss leichter durch eine solch herausfordernde Phase hindurchgehen. Auch wenn man das Wissen um das Wesen von Krisen bereits besitzt und sie zumindest theoretisch als Chance zu begreifen gelernt hat – während man sie erlebt, scheint dieses Wissen abstrakt und es tut gut, neu darüber zu lesen und sich dann beispielsweise zu vergegenwärtigen, dass es immer die drei von van Gennep beschriebenen Phasen gibt. Mit den Methoden des DreamGuidance, wie Sie sie praktisch im dritten Teil kennenlernen werden, lassen sie sich nicht nur beschleunigen, sondern vor allem auch in einer Tiefe durchleben, die einen umso kraftvolleren und persönlich stimmigeren Wiederanfang möglich macht.

Und noch eine gute Nachricht: Wenn es bei Ihnen zumindest weitgehend gut läuft, müssen Sie nicht erst auf eine Krise warten, um einen großartigen Wandel einzuläuten. Vielmehr könnten Sie bereits nagende Unzufriedenheit, zu häufigen Zeitdruck, Stress oder leise im Herzen glühende Sehnsüchte als ausreichenden Anlass für eine aktive Neuorientierung nehmen.

Stress – oder warum sich eine Coaching-Auszeit lohnt

Selbstständige wie Angestellte befinden sich nach meiner Beobachtung heute sehr häufig in einem ganz eigenartigen krisenhaften Dilemma: Während sie einerseits überlastet sind und in immer weniger Zeit immer mehr zu schaffen versuchen, fehlt es ihnen andererseits an der »wahren Aufgabe«, an etwas spürbar Sinnhaften in ihrem Leben. Sie spüren, dass mehr in ihnen steckt, als abgerufen wird. Dass das berufliche Leben, das sie führen, nicht dem entspricht, was sie in sich fühlen. Was genau aber fühlen sie? Wonach sehnen sie sich wirklich? Was sind die Potenziale, die wachgerufen werden wollen? Fragen, die drängen. Ihnen nachzugehen, um stimmige Antworten aufzuspüren, dafür fehlt die Zeit, die Kraft nach dicht gefüllten Arbeitstagen. Alltagsaufgaben, Besprechungen, To-do-Listen lassen kaum Platz für irgendetwas anderes. Und es fehlt meist auch der Zugang zu geeignetem Werkzeug, mit dem sich an die Antworten herankommen ließe.

Doch immer wieder klopft dieses bald vor allem als frustrierend wahrgenommene Sehnen nach der Berufung an, das Sehnen nach dem Tun, für das das Herz aufgeht, das alle Potenziale weckt und zum Wachsen bringt, dem von Freude getragenen, sinnvollen Handeln, das als schönen Nebeneffekt auch ausreichend Geld und Anerkennung einbringt. Schließlich ist es doch – zumindest für sehr viele – das Tun, für das man hier ist. Stimmig durch und durch.

In der aktuellen Alltagsrealität sind von der begehrten Stimmigkeit oft nur dünne Ansätze zu spüren. Die wachsende Unzufriedenheit nagt Löcher ins Selbstbewusstsein. Ist es das falsche Leben, das man lebt? Und wie ins »richtige« hineinfinden? Zuerst müsste es ja in einer solchen Situation darum gehen, den schnellen Lauf des Reagierens und Tuns zu stoppen, zur Ruhe zu kommen, zu regenerieren, die Seele baumeln zu lassen – um dann zu erforschen, wohin die Reise wirklich gehen soll. Dies aber lassen die äußeren Zwänge oder die inneren Befürchtungen meist nicht zu.

Kleine und große Auszeiten

Wenn wir im alten Trott bleiben, bleibt alles beim Alten. Natürlich kommt Arbeit zuerst, vor allem als nötiger Broterwerb. Kaum jemand kann es sich leisten, eine nennenswerte Auszeit, ein Sabbatical von sechs, zwölf oder gar 24 Monaten zu nehmen, um sich in Ruhe zu fragen, was er oder sie wirklich will. Dazu kommen berechtigte Ängste, während einer solchen Pause den Anschluss zu verpassen, fachlich nicht mehr auf dem neuesten Stand zu sein oder Auftraggeber zu verlieren.

Doch auch kleine Auszeiten können den entscheidenden Wandel anstoßen. Beispielsweise ein Coaching über fünf mehrstündige Sitzungen im Abstand von jeweils zwei Wochen. Oder aber ein Selbstcoaching an einem darauf konzentrierten verlängerten Wochenende, zu dem ich Sie im dritten Teil (unter anderem) einladen werde. Eine solche Form der Auszeit ist etwas anderes als ein Wellnesswochenende oder der Sommerurlaub am Strand. Wahrscheinlich ist sie etwas anstrengender, dafür aber sicherlich nachhaltiger, was die Weichenstellung in Richtung Lebenserfolg – und damit letztlich auch den Entspannungseffekt – betrifft. Es ist eine Zeit, in der es explizit um Sie, Ihre Wünsche und Bedürfnisse, Fähigkeiten und Ziele geht. Selbst wenn dabei nicht unbedingt die alles verändernde Vision auftaucht – sobald sich kleinere Angewohnheiten, Muster oder Ansichten verändern, wandelt sich auch das Gesamtgefüge des persönlichen Lebens.

Das Drängen nach Wissen und kreativer Selbstentfaltung

In welcher krisenhaften Situation auch immer jemand steckt – ob lebensbedrohlich oder einfach nur ein wenig »zwickend« –, dieses Gefühl der Unstimmigkeit des aktuellen Lebens kann sehr belastend sein. Es quält die Frage nach dem Ausweg, nach der »richtigen« Entscheidung, nach der wahren Bestimmung, der finanziellen Sicherheit, dem Gebrauchtwerden und Nützlichsein oder der Rehabilitation nach einem tiefen Sturz.

▊ Wie kam es dazu, dass ich mich für ein Coaching entschieden habe? Seit 15 Jahren arbeite ich als freie Journalistin, seit rund elf Jahren schreibe ich Bücher. Trotz Wirtschaftskrise bin ich zurechtgekommen, hatte immer genug Aufträge. Interessante Aufträge, wie ich ergänzen möchte. Und trotzdem: Etwas fehlte. Mir war, als würde noch viel mehr in mir stecken. Das Gefühl wuchs, da müsse es noch etwas geben, das mir eine tiefere Befriedigung geben könnte. Aber irgendetwas stand der vollen Entfaltung meines Potenzials immer im Weg. Ich wurde unzufrieden, suchte nach dem Sinn, der mein Leben erfüllen sollte. Es war kein abgehobener Selbstfindungstrip, sondern die ganz bodenständige Suche nach meinen wirklichen Zielen, Wünschen und Bedürfnissen. Mir war klar: Ich bin gut in dem, was ich mache. Instinktiv wusste ich gleichzeitig auch, dass ich nur dann zur Höchstform auflaufen kann und wirklich erfolgreich bin, wenn etwas meine ganze Leidenschaft weckt.

IRIS HAMMELMANN ▊

In unserer stark aufs Rationale ausgerichteten Welt neigen wir insbesondere in Krisen dazu, die Umstände und Möglichkeiten wieder und wieder zu durchdenken. Das Gedankenkarussell gewinnt umso rasanter an Fahrt, je schwieriger uns die Situation erscheint.

Alles ist bereits Dutzende Male durchdacht, einige Gedanken haben vielleicht kurz Hoffnung oder zumindest Trost aufkommen lassen – aber einer Lösung sind wir keinen Schritt nähergekommen. Wie aber finden wir die so dringend benötigte Antwort auf die quälende Frage des »Was nun«?, wenn unser Kopf es einfach nicht hergibt, nicht hergeben kann?

■ Ich habe oft die bewundert, die genau wussten, was sie werden wollten. Die zielsicher auf ihre Ausbildung oder ihr Studium zugegangen sind – und damit auf ihr Leben. Mit einem freundlichen Blick kann ich jetzt sagen: Ich habe mich zielsicher auf die Suche gemacht.

NICOLE MANKEL ■

Ganzheitlichkeit – oder wie die Sache rund wird

Für mich gibt es seit Jahren nur einen Weg im Umgang mit den drängenden Fragen, die im persönlichen und im kollektiven Umfeld von Krisen relevant werden: Ganzheitlichkeit im allerbesten Sinne – der Einbezug der rationalen, emotionalen und intuitiven, der geistigen, körperlichen und auch spirituellen Ebene. Es ist das Gebot unserer Zeit, sich davon zu verabschieden, dass wir Lösungen allein auf der rationalen Ebene des Verstandes, der Kopfintelligenz finden können. Dafür sind unsere Probleme zu komplex, ist unsere Welt zu vielschichtig.

Ein Mensch, viele Ebenen

Wer sich in seinem Traumjob kaputt arbeitet, mag sich immer wieder sagen, dass er/sie seine/ihre Vision vom perfekten Leben umsetzt und dass die Zeiten eben schwierig sind und einem vieles abverlangen. Wie es Stefan Müller, erfolgreicher Fernsehschreiber, in seinem Coaching-Bericht ausdrückt: »Wer seinen Traum lebt, ist damit nicht automatisch vor dem Burnout gefeit.« Als ganzheitlich orientierte Beraterin würde ich sagen, dass innere Muster einen solchen Menschen daran hindern, gut für sich zu sorgen, das Leben zu genießen und auf Dauer erfolgreich zu wirken. Wer umgekehrt eine sichere Position ausfüllt, sich dort gelangweilt und unterfordert fühlt, mag sich sagen, dass er in diesen wilden Zeiten großes Glück hat. Und doch mag es da ein Sehnen geben, das mehr will, das weiß, dass Größeres in ihm steckt. Nicht wenige Klienten in einem Angestelltenverhältnis beschreiben das.

■ Meine berufliche Situation ist im Grunde eine gute: Seit einigen Jahren besetze ich die unbefristete Stelle im öffentlichen Dienst, um die ich mich eine geraume Zeit bemüht habe. Trotzdem fühlte ich mich im letzten Jahr zunehmend unzufriedener und unausgeglichener. Obwohl ich ein interessantes und vielfältiges Themenspektrum bearbeite, das mir auch viel Gestaltungsfreiraum bietet, entstand bei mir zunehmend der Eindruck, dass mein Engagement und meine Begeisterung nachließen und einer uninspirierten Routine wichen. Und dies erzeugte in mir das Gefühl, ausgebrannt und leer zu sein, denn ich liebe es sehr, herausgefordert zu werden und mich zu engagieren.

BEATE KUBNY-LÜKE ■

Alles unter einen Hut zu bringen – auch das ist Ganzheitlichkeit. Alle Facetten des individuellen Menschseins: Werdegang, Umfeld und Erfahrungen, Fähigkeiten, materielle und emotionale Bedürfnisse und Wünsche, Träume, Ahnungen und Visionen. Sie alle zusammen machen das Leben des Einzelnen aus. Und sie alle sollten betrachtet werden, wenn man diesem Menschen gerecht werden und erkennen möchte, wohin es ihn tatsächlich zieht, was seine Bestimmung ist.

Ganzheitliche Beratung

Es zeichnet DreamGuidance der Anspruch aus, alle Ebenen des zu beratenden Menschen in das Coaching hineinzunehmen, sobald sie sich als relevant zeigen. Immer schließt das ein, sowohl die kognitive als auch die emotionale und die intuitive Sphäre anzusprechen, wachzurufen, mit zu befragen. Im folgenden Kapitel werden wir auf die Relevanz dieser Bereiche und speziell des Traumes im weiteren Sinne, der ja der Methode ihren Namen gab, genauer eingehen.

Ganzheitlichkeit geht in meiner Arbeit durchaus bis dahin, dass ich alles einbeziehe, was sich während der Beratung zeigt – unerwartete Störungen, komische Zwischenfälle, politische Ereignisse, die zum Gesprächsthema mit dem Klienten werden, und so weiter. Letztlich ganz im Sinne der »freudschen Versprecher« sehe ich diese Dinge als Botschaften aus den unbewussten Bereichen an, die nicht umsonst in den Raum des Coachings vorgedrungen sind. Über die Wahrheit solcher Nicht-Kausalitäten spekuliere und diskutiere ich dabei nicht. Ich habe durch die jahrelange persönliche und berufliche Erfahrung lernen dürfen, dass solche »Zufälle« fast immer faszinierende Wendungen in den Prozess bringen. Sie sind das Überraschende, das Stockendes in Gang bringt. Sie schaffen eine Lücke im Strom der Gedanken, da sie den Denkenden mit etwas völlig Unerwartetem für einen Moment aus dem Konzept bringen. Und in dieser Lücke ist plötzlich Raum für etwas Neues.

■ Da war dieser Spatz vor der Balkontür des Raumes, in dem das Coaching stattfand. Immer wieder musste ich zu ihm hinschauen, bis auch Birgitt auf ihn aufmerksam wurde. Und zu meinem freudigen Erstaunen bezog sie ihn gleich in die Beratung ein, indem sie mich fragte, was er wohl mit dem eben Besprochenen zu tun haben könnte. Sofort kam mir – sicher in Weiterführung einer gern zitierten Bibelstelle – in den Sinn, dass ich gern so frei wie er leben würde, ohne diese Angst im Nacken, ob ich bis ins hohe Alter gut und fit genug für ausreichend Gelderwerb sein würde. Im Gespräch darüber kristallisierte sich schließlich die Grundfrage des heutigen Sitzungstages heraus: Wie ist es mir möglich, in dem Vertrauen zu leben und zu arbeiten, dass mich das Göttliche ernährt? Wow! Das hatte ich nun in einem Business-Coaching überhaupt nicht erwartet – und doch traf es irgendwie den Kern dessen, was mich seit Langem beschäftigte. Dieses ersehnte Vertrauen in etwas Höheres, Vertrauen in das Größere in mir und dem Leben. Das zu entwickeln würde all meine Sorgen auflösen und es mir möglich machen, mich an dem zu freuen, was ja bereits alles da ist und gut funktioniert.

FRANZISKA MURI ▓

Spielerisch Ideen anlocken

Ganzheitlichkeit bedeutet für mich auch, spielerisch zu arbeiten und so immer wieder bewusst die Instanz mit einzuladen, die als »inneres Kind« bezeichnet wird. Dass daraus nichts Kindliches oder gar Kindisches generiert wird, möchte ich Ihnen an einem Beispiel zeigen:

Mich inspirierte die Begegnung mit einem alten chinesischen Mediziner, Dr. Hu, der am Fuße des Himalaja in der Tradition des Daoismus, der uralten chinesischen Weisheitslehre, wirkt. Danach ließ ich mir acht kleine Stempel mit Trigrammen anfertigen, um die Abdrücke in die Sitemap meiner Homepage einweben zu lassen und für meine Korrespondenz zu nutzen. Trigramme sind jeweils drei übereinanderliegende Linien, mal durchgezogen, mal mit einer Unterbrechung. Aus der daoistischen Kultur stammend bezeichnen sie Grundzustände der Polarität: Himmel, See, Feuer, Donner, Wind, Wasser, Berg und Erde. Mit dem I Ging, Orakel und Wissenschaft vom Leben gleichermaßen, lässt sich tief in die alten Weisheiten eintauchen – und vor allem lassen sich die dort zu Hexagrammen verdoppelten Trigramme gewinnbringend für das eigene Leben deuten. So weit gehe ich aber gar nicht. Ich setze unter Briefe und Ähnliches je einen spontan ausgewählten Stempel. Sie liegen alle vor mir, ohne dass ich sehen kann, welcher welches Symbol enthält. Und dann suche ich mir spontan einen aus – und drücke ihn aufs Papier. Das macht dem Kind in mir Spaß und lässt die Erwachsene in mir staunen, welch sinnfällige Zusammenhänge zum Inhalt des Schreibens oder zur Beziehung zum Adressaten mit dem Symbol oft ausgedrückt werden. Manchmal spüre ich dann nur einen Hauch von Begreifen, welche Verbindung es da geben könnte, in anderen Fällen zieht es mich tiefer in die Betrachtung hinein und ich erfahre etwas über mich oder die Situation, das ich zuvor nicht erkannt hatte.

So lade ich auch Sie ein, sich spielerisch Ihren Fragen, Ihrer Situation, Ihren Wünschen und Sehnsüchten zu widmen. Wenn man diesen Begriff benutzen will, könnte man sagen: Sie laden den Zufall in Ihr Leben ein. In diesem Buch finden Sie dafür jede Menge Anregungen – beispielsweise die mir von Enrico Klinkebiel zur Verfügung gestellten Trigramme, die über die Kapitel verstreut wurden. (Das erste Trigramm sehen Sie hier am Ende dieses Kapitels.) Es geht gar nicht darum, dass Sie wissen, was sie bedeuten, welche Philosophie sich dahinter verbirgt und welche Weisheit sie traditionell verkörpern. Es geht darum zu schauen, was sie in diesem Moment in Ihnen auslösen: an Assoziationen, Gefühlen, Erinnerungen, Eindrücken, und wie Sie das mit Ihrem aktuellen Leben oder einer fraglichen Situation in Bezug setzen. Keine Wissenschaft, sondern Spiel! Sollten Sie sich tiefer mit der Tradition der Trigramme und Hexagramme auseinandersetzen wollen, empfehle ich Ihnen die Bücher von Richard Wilhelm und R. L. Wing zum I Ging.[6]

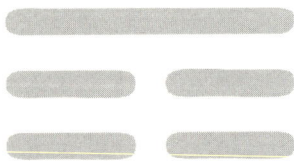

DREAMGUIDANCE –
oder was die Methode ausmacht

»Coaching heißt, dir die Leiter raufhelfen.« Seit Jahren ist diese Aussage – übrigens ein Credo, das sich mir im Traum zeigte – für mich der Kern dessen, was meine Art des Coachens ausmacht. Selbstverständlich gilt er auch für viele meiner Kolleginnen und Kollegen. Was macht nun speziell DreamGuidance aus?

Die Arbeit orientiert sich stark am Unbewussten. Die Beratung hebt für die aktuelle Fragestellung Relevantes aus diesem unendlichen Pool ans Licht, macht tief sitzende Befürchtungen und Sehnsüchte bewusst und konzipiert Wege für ein stimmiges Weiterleben und -wirken. Stimmig im ganzheitlichen Sinne. Was sich in diesem Prozess herauskristallisiert, ist oftmals nicht der Weg, der en vogue sein mag, nicht unbedingt der, den Bekannte und FreundInnen sofort bejahen und bejubeln würden, in manchen Fällen nicht einmal der, der das größte Einkommen oder maximale Sicherheit verspricht. Aber immer ist es der, der im Innern der oder des Betreffenden ein volles Ja hervorruft. Ja, dorthin möchte ich gehen. Ja, das lockt mich. Ja, darin erkenne ich mich selbst, das bin ich.

■ Das ist das Faszinierende der Methode: Aus den ureigenen Traumbildern lassen sich ganz einfach Ziele ableiten und sozusagen »traumhaft« in die Realität übersetzen und umsetzen. Wie

sonst hätte ich nach Jahren endlich das Rauchen aufgeben können, um auf über 5 000 Metern Höhe südamerikanische Anden-
gipfel zu erstürmen?

Das sind nun nach einem Jahr die ersten greifbaren Resultate,
doch unter der Oberfläche ist weit mehr passiert. Ich verfüge wieder über meinen Humor, kann Dinge spielerisch angehen und
vertraue dem Leben. Kurzum, meine Kreativität ist zurück.

VERENA GEISEL ▪

Träume, Visionsfindung, Trommel- oder Monochordklänge, Orakel und Rollenspiele – die vielfältigsten Möglichkeiten, das Unbewusste und die Intuition mit einzubeziehen, sind eingebettet in
den Grundanspruch der Praktikabilität. Für einige Stunden im
Coaching mag man spinnen, träumen, ganz neuartige schillernde
Netze des Möglichen weben. Das Wesentliche, das sich in diesem
Prozess herauskristallisiert, ist dann absolut alltagstauglich: konkrete Schritte für die nähere und mittlere Zukunft, Etappenziele,
Ressourcenübersichten und kraftgeladene Absichten, die zur Umsetzung reifen oder bereits zur Tat rufen.

Aus allen Welten das, was funktioniert. Ganzheitlichkeit im
Wortsinne: den Menschen als Ganzheit wahrnehmend, sein In-
nenleben, seine Geschichte, seine Prägungen und Absichten
ebenso wie die aktuelle äußere Situation, den Arbeitsmarkt, realis-
tische neue Angebote des Coachees an die Welt. Dass dabei nicht
nur geredet werden kann, ist selbstverständlich. Wie meinte Kathrin Wagner in ihrem Feedback: »Coaching bei Birgitt Morrien ist
mitnichten langweilig, sondern Action pur.«

Von der Traumwelt geführt – oder warum die Kraft des Unbewussten mit ins Boot gehört

Die meisten Menschen erleben eine Phase der Angst und der Verunsicherung, wenn sie sich für ein Coaching entscheiden. Der Arbeitsplatz wackelt oder sie haben die Freude am Tun verloren und sehen sich ins Burnout schlittern. FreiberuflerInnen klagen über allmählich spürbare Folgen der Selbstausbeutung bei dennoch knappen Einnahmen oder ringen um rarer werdende Aufträge. Manche fühlen sich, als stünde ihnen das Wasser bis zum Hals – keine besonders gute Ausgangslage für rein kognitive Gespräche und die Frage nach den Zielen für die berufliche Zukunft. Angst macht eng. Das verrät schon die Herkunft des Wortes: Lateinisch *angustiae*, »die Enge« – im Hals, im Herzen, im Denken. DreamGuidance verlässt daher recht schnell die rein kognitive Ebene und erweitert das Bewusstsein: Es entsteht Platz für Neues, bislang Ungedachtes, frisch Lohnendes – eine veränderte Perspektive, aus der den Coachees ungeahnte Kraft zuströmt.

Die Zertrümmerung des Traumtabus

Mutig schrieb ich 2001 in meinem ersten grundlegenden Buch *DreamGuidance* über die von mir entwickelte Coaching-Methode: »DreamGuidance läutet das Ende des kulturellen Traumtabus in Wirtschaft und Wissenschaft ein. Die radikale Leugnung und Verstümmelung imaginärer Kompetenz seit Beginn der Aufklärung ist im Augenblick der Wende ins neue Jahrtausend nicht länger tragbar. … Traum, Chaos, Unvorhersehbarkeit und Unberechenbarkeit wandeln sich im öffentlichen Ansehen nur langsam vom

Schrecken zur Chance. Darin aber liegen die Ressourcen zur kreativen Entwicklung jener Antworten, die wir für unsere heutigen Fragen brauchen. Der zunehmenden wirtschaftlichen und damit auch kulturellen Vernetzung kann erfolgreich nur mit Denkmodellen begegnet werden, die bereit und fähig sind, komplexe Vielfalt neu zu spiegeln. Träume bieten die dazu erforderliche Kapazität, indem sie durch eine natürliche Kunst der Verwirrung vielfältigstes Staunen bewirken. Dieser Zustand bildet den notwendigen Ausgangspunkt für komplexere Interpretationen und damit die Voraussetzung zur Entwicklung neuer Denk- und Handlungsmodelle.«[7]

Wie sieht es heute, gut zehn Jahre später, aus? Ich kann diese Zeilen auch jetzt unterschreiben. Für die Gesellschaft aber liegt die Betonung auf dem Wort »langsam«, wenn es um das postulierte Ende des »Traumtabus« geht. Das sehe ich am Beispiel von DreamGuidance sehr gut: So kann ich zwar neben FreiberuflerInnen, Selbstständigen und Kreativen einerseits große Unternehmen zu meinen Kunden zählen, darf Celebritys und TopmanagerInnen beraten. Andererseits ist es vor nicht allzu langer Zeit vorgekommen, dass ich abfällige Bemerkungen über meine Arbeit lesen musste, die mich natürlich schmerzten, mir aber vor allem bewusst machen, dass bestimmte Bereiche unserer Gesellschaft nach wie vor davon ausgehen, dass der Mensch allein ein denkendes Wesen ist. Unbestritten und in sich stimmig ist: Wer sich allein an Rationalem orientiert, Erfolg ausschließlich in Zahlen misst und der Individualität von Lebensentwürfen wenig Raum gibt, dem wird DreamGuidance nicht gefallen.

Ungeachtet dessen zeichnet sich durchaus ein positiver Wandel ab. In den letzten Jahren war eine enorme Öffnung im Hinblick auf Methoden und Denkweisen zu beobachten, die wenige Jahrzehnte zuvor noch als »Hirngespinste« oder »Esoterik« abgetan wurden. Insbesondere Quantenphysik und Hirnforschung haben maßgeblich dazu beigetragen, uns klarzumachen, dass wir noch längst nicht wissen, »was die Welt im Innersten zusammenhält«. Selbst im Bereich religiöser und spiritueller Erfahrungen wurden von Naturwissenschaftlern zahlreiche Experimente unternommen, deren Ergebnisse den bekannten Hirnforscher Andrew Newberg zu der Aussage veranlassten: »Mystische Erfahrung ist biologisch real und naturwissenschaftlich wahrnehmbar.«[8] Streitbar sind solche Experimente und ihre Ergebnisse allemal. Wer sich eingehend mit der Materie befasst, weiß: Hier erwarten uns in der nahen Zukunft noch spannende Neuigkeiten. Wichtig an dieser Stelle festzuhalten ist mir: Es ist etwas in Bewegung gekommen. Das Weltbild des reinen Materialismus wankt und hat längst nicht mehr für alle Gültigkeit. Das Sein bestimmt das Bewusstsein, aber das Bewusstsein bestimmt eben auch das Sein.

Für mich – und bei Weitem nicht nur für mich – bleibt die wesentliche Kraft des Imaginären, des Intuitiven und des Traumes bei der Gestaltung von beruflichem und privatem Erfolg unbestritten. Deshalb bin ich der Methode treu geblieben und habe sie über all die Jahre konsequent weiterentwickelt. Ich habe sie erweitert und auf eine ebenso ganzheitliche Weise wachsen lassen, so wie ich meine KlientInnen anrege, ihren Erfolg wachsen zu lassen. Und mit jedem abgeschlossenen Coaching wusste ich klarer, warum ich genau so arbeite, wie ich arbeite.

Frühe Jahre

Zu Beginn meiner Beratungstätigkeit habe auch ich Menschen diese berühmt-berüchtigte Frage gestellt, wo sie in drei, fünf oder zehn Jahren stehen wollen. Ich weiß heute, dass diese Fragen gerade bei umfassender, eben ganzheitlich denkenden Menschen nicht beliebt ist, wie mir auch Feedbacks von Klientinnen und Klienten zeigen.

▉ Im Internet fand ich eine Datenbank und klickte mich durch die verschiedenen Profile: Beim herausfordernden Lächeln einer Dame im Businessanzug war mein Gedanke nur: »O Gott, sie wird mich sicher fragen, wo ich in fünf Jahren stehen will ...«

CORINA RÜTTEN ▉

Es geht aber gar nicht so sehr darum, dass diese Fragen nach dem Standpunkt in ein paar Jahren nicht beliebt sind – auch wenn dies ein tieferes, sehr wahres Ahnen bei den Betreffenden bedeuten könnte. Sie sind auch nicht sinnvoll. Sie werden Menschen gestellt, die sich in einer Krise befinden und einen Ausweg suchen, einen Weg in ein neues Glück. Auch meine KlientInnen damals hatten meist überzeugend klingende Antworten parat, was mich freute, denn dann konnte ich ihnen in diese Richtung Anstöße geben und sie mit gutem Gewissen wieder in den Alltag entlassen. In nicht wenigen Fällen stellte sich allerdings heraus, dass nach ein paar Jahren die gleichen Probleme wieder auftauchten und sich neue Krisen anbahnten.

Was war geschehen? Die Ziele, die diese Menschen benannten, waren Projektionen der Vergangenheit in die Zukunft. Das, was bislang als Leitfaden gedient hatte, sollte dies auch in Zukunft tun. Bisherige Denk- und Handlungsroutinen dienten als Grundlage für eine besser gedachte Zukunft. Momentan sah es schlecht aus – aber man wollte einfach nur aus dem Loch heraus und wieder jener Spur folgen, auf der man das Glück und den Erfolg auch bislang gesucht hatte.

Wenn Karrierefragen ausschließlich dem Verstand überlassen werden, ist inmitten all der Alltagsbelange kein Blick auf die wahren Träume zu erhaschen. Es gibt keinen Raum für etwas wirklich Neues. Bei der rein rationalen Herangehensweise, die nur das Denken zulässt, kann es diesen Space nicht geben. Die Eindimensionalität lässt nicht zu, dass sich eine Lösung außerhalb dessen zeigt, was man bis dato für stimmig befunden und was ja nun aber in die Krise geführt hat. Deswegen arbeite ich so, dass ich immer wieder die Ebenen wechsle. Neben Gesprächen und Analysen baue ich insbesondere geführte Tagträume ein, die unbewusste Inhalte hervorlocken. Und genau die sind es, die den Rahmen dessen, woraus eine Lösung gebaut werden kann, enorm erweitern. Dazu kommt, dass das Gehirn im Zustand einer leichten Trance viermal so aktiv ist wie im normalen Wachzustand. Da das Gehirn – wie beispielsweise der Hirnforscher Professor Gerald Hüther so schön deutlich macht – ein »Problemlösungsorgan« ist,[9] steht ungleich mehr Kapazität für die in der Krise benötigte Lösung zur Verfügung, wenn solche Zustände ins Coaching einfließen.

Träume als innere Leitbilder

»Lass dich von deinen Träumen führen, nicht von deinen Problemen.« Diesen Satz verwende ich sehr gern, da er auf positiv motivierende Weise das Potenzial der Träume anklingen lässt. Sie sind der Schlüssel zum Unbewussten, das Tor in die Sphären, in denen die Antworten auf unsere drängendsten Fragen warten. Träume wie Tagträume führen uns zu unseren unbewussten Potenzialen, Möglichkeiten und Wünschen, und die lassen sich bei der Gestaltung der Zukunft nutzen. Träume stehen sprichwörtlich für das, was uns beflügelt, was uns Kraft und Mut gibt, Freude und Zuversicht.

■ Nach dem Coaching fühle ich mich erschöpft, als hätten wir meine innere Welt ganz genau betrachtet und unter die Lupe genommen. Das ist schwierige Arbeit! Aber ich fühle mich auch glücklich, wie neugeboren. Hätte ich Flügel, würde ich jetzt fliegen. Irgendwie fällt es mir jetzt leichter, den Ausweg aus schwierigen Situationen zu finden. Ich mache wichtige Entdeckungen, sehe alles mit anderen Augen beziehungsweise aus neuer Perspektive. Die Gedanken an die Zukunft sind nicht mehr quälend, sondern ich bin mir sicher, dass ich auf dem richtigen Weg bin. Und dann die Träume! Ich habe jetzt Träume, die so realistisch sind und mir Antworten geben. Das Fundament meines Hauses ist nun fest und zuverlässig. Ich kann beginnen, die Wände zu bauen.

MARYNA SEMASHKEVICH ■

Träume bewusst zu nutzen, ist keine Erfindung unserer Zeit. Alte Kulturen wie die der Mesopotamier, der Ägypter und Griechen nutzten die Träume als Ratgeber und kannten ausgereifte Möglichkeiten, sich ihrer Weisheiten zu bedienen. Während das Mittelalter noch versprengte Zeugen der Kraft des Träumens nachweist – Hildegard von Bingen und Thomas von Aquin seien genannt –, verlor sich das Wissen um die Macht der nächtlichen Bilder in der Moderne weitgehend. Erst mit Sigmund Freud und seiner umfassenden Traumdeutung wurde eine neue Ära der Akzeptanz des Traums als Teil unserer Realität eingeläutet. Ausführlich beschreibe ich die historischen Zusammenhänge und die Herleitung meiner Methode aus anderen Traumnutzungsformen in meinem Buch *DreamGuidance,* und auch im gemeinsam mit Iris Hammelmann verfassten *Erfolg mit DreamGuidance* wird in zusammengefasster Form darauf eingegangen.

Was für unseren Zusammenhang hier wesentlich ist: Träume galten und gelten weltweit immer wieder als Kapital bei der persönlichen und auch kollektiven Ausrichtung im Leben. Dass sie beispielsweise in Wirtschaftsunternehmen Relevanz haben können, zeigte der englische Psychoanalytiker und Organisationsberater Gordon W. Lawrence bereits seit den 1970er-Jahren. So führte er unter anderem Traumcoachings für das Topmanagement in Firmen durch – und viele der Teilnehmer träumten übereinstimmend Details eines bevorstehenden Wandels, der dann auch eintrat. Lawrence sprach sich vehement dafür aus, das Phänomen des »Social Dreaming« näher zu erforschen und vor allem auch zu nutzen, denn Träumen sei immer eine »ursprüngliche Art von Aktionsforschung der Psyche über die Psyche für die Psyche, um Beziehungen zur äußeren Welt, zu anderen Menschen und zu Naturphänomenen aufzudecken«.[10]

Nächtliche Träume

Die bewusste Wahrnehmung bildet nur einen geringen Teil unserer Realität ab. Im gewöhnlichen Wachzustand des Alltags nehmen wir eine Unmenge von Eindrücken auf, die wenigsten allerdings bewusst. Zudem ahnen wir nicht einmal, wie viel sich darüber hinaus in unserem Inneren abspielt. Im Gehirn werden alle aktuellen Erfahrungen mit früheren abgeglichen, um uns ein bestmögliches Reagieren und Überleben zu sichern. Dazu kommen all die Gefühle, Ahnungen, Stimmungen, die in uns auftauchen, meist ohne dass wir viel davon mitbekommen oder uns bewusst machen. Verarbeitet wird diese Masse an Bildern, Gefühlen, Worten und Eindrücken im Traum. Unser System sortiert, gewichtet, wertet aus – und liefert uns dabei die entsprechenden Bilder, die wir am Morgen meist sofort vergessen.

Sie sich bewusst zu machen, kann ein äußerst lohnender Prozess sein, beinhalten die Traumsequenzen doch oft das, was uns am Tag entgangen ist, oder sie schenken uns die Bausteine, die uns für ein klares Bild aktueller Fragestellungen gefehlt haben. Nicht selten liefern sie auch größere, weiter reichende Visionen und Eindrücke dessen, was uns im Leben wirklich wichtig ist. Ihr Potenzial, uns Wesentliches bewusst zu machen, ist nicht zu überschätzen.

Inwieweit sich ein ins Stagnieren geratenes Leben in den nächtlichen Träumen widerspiegelt, führt das folgende Beispiel vor Augen. Sylvia Greßler war zu Beginn ihrer Beratung in einer Lebensphase ohne jegliche Freude und sinnerfüllte Aktivität – Sie finden ihre Geschichte ab Seite 77.

▨ Was sich sofort nach der ersten Coaching-Stunde überaus deutlich und auch radikal veränderte, waren meine nächtlichen Träume. Ich träumte seit Jahren immer genau dieselben Träume, ein feststehendes Repertoire sozusagen. Ich kannte alle Protagonisten und alle Antagonisten. Der Verlauf der Filme im Schlaf war mir bekannt. Sie waren zumeist wenig erfreulich bis quälend.

Doch schon nach dem ersten Treffen mit Frau Morrien tauchten im Traum fremde, aber freundliche Menschen in rastloser Bewegung um mich herum auf. Ich saß senkrecht im Bett. Wer war das? Was wollten die von mir? Fremde mit unbekanntem Tun in meinen Träumen?

Im Gegensatz zu vorher spüre ich morgens nach einem unangenehmen Traum nicht nur ein bedrückendes Gefühl, sondern habe oft auch eine Idee parat, wie ich das Problem angehen könnte, und – noch besser – auch die Kraft, diese umzusetzen.

SYLVIA GRESSLER ▨

Ich selbst halte meine Träume seit meinem 13. Lebensjahr schriftlich fest. Ich habe mir angewöhnt, sie gleich nach dem Erwachen zu notieren. Es ist wirklich eine Angewohnheit, denn mit dem festen Entschluss, es zu tun, und der Regelmäßigkeit darin verbleiben immer mehr Details im Bewusstsein und machen sich so einer Deutung zugänglich. Oft kommen auch während des Aufschreibens weitere Sequenzen zutage, die zuerst vergessen schienen. Der Schatz, der auf diese Weise entstand und weiter anwächst, hat mir bereits vielfältigste Anregungen für meine Lebensgestaltung und nicht zuletzt auch meine Coaching-Angebote gegeben.

Tagträume und geführte innere Reisen

Über das Denken und damit auch über bloße Gespräche sind die unbewussten Inhalte nicht hervorzulocken. Dafür braucht es andere Mittel und vor allem die Sprache der Bilder und der Gefühle. In der Arbeit mit KlientInnen sind Träume daher ein wertvolles Hilfsmittel – wenn sie ihnen denn bewusst sind. Tauchen während des gemeinsamen Prozesses Traumerinnerungen auf, arbeiten wir damit – Henrik Jäger ist ein Beispiel dafür, das Sie später noch kennenlernen werden (siehe Seite 156 f.). Oft ist das aber nicht der Fall, weil kaum jemand gewohnt ist, sich um seine nächtlichen Bilder und Einsichten zu kümmern. Und es ist auch nicht zielführend, die Coachees in der Praxis einschlafen zu lassen, in der Hoffnung, sie würden etwas Wichtiges träumen.

Dennoch muss auf Träume keinesfalls verzichtet werden. Letztlich dienen sie dazu, das lineare Denken und das Gewohnte, weil Bekannte und Vertraute zu verlassen und einen deutlich weiteren Rahmen zu stecken, in dem Details neuartig verknüpft werden und sich gänzlich andere Perspektiven auftun können. Das gelingt ebenso mit geführten Träumen, Reisen ins »innere Land«, um mit dem bereits zitierten Joachim Faulstich zu sprechen. Ich nenne sie gern die »inneren Kontinente«. Zahlreiche Möglichkeiten machen sie uns zugänglich, sogenannte schamanische Reisen, Meditationsformen, Fantasiereisen und so weiter.

Im DreamGuidance ist – wie schon erwähnt – die P/Review das zentrale Element, bei dem das Träumen relevant wird. Wie Sie später genauer sehen werden – und auch ausprobieren können –, führe ich die Klienten dabei in eine leichte Trance, in der sie Eindrücke wichtiger Momente ihres Lebens »erinnern«. Angst vor einem solchen Zustand braucht niemand zu haben: Das Gehirn zeigt dabei Aktivitäten mit Alphawellen, während bei einer Tiefenhypnose Thetawellen gemessen werden. Im Tagtraum oder auf einer geführten Reise, wie sie DreamGuidance nutzt, behalten die

Coachees das volle Bewusstsein. Sie wissen die ganze Zeit über, dass sie sich auf einer solchen inneren Reise befinden und warum. Und sie könnten sie jederzeit beenden – wie ein Klient aus dem Baugewerbe (der Einzige, mit dem ich das in all den Jahren erlebte), der mittendrin aufstand und sagte:»Nee, Morrien, das ist doch nicht meine Baustelle.« Alle anderen genießen in der Regel die Entspannung und die meist doch recht überraschenden Bilder, die sich ihnen zeigen. In Kombination mit den anderen Bausteinen des Prozesses formt sich dabei bei fast allen eine neue Idee der eigenen Zukunft. Die Weichen lassen sich neu stellen.

■ Neu war auch eine gewonnene Klarheit im Hinblick auf meinen damals noch ausgeübten Beruf: Keiner der Glücksmomente, die ich auf meiner Reise erlebte, hatte mit diesem Beruf zu tun. Ich sah mich überhaupt nicht in diesem Beruf. Das Aufwachen aus dem Tagtraum war von einer Erleichterung begleitet, die ich im Nachhinein so in Worte fassen kann:»Dann ist es also wirklich wahr! Ich leide nicht nur an einer unguten Arbeitsplatzsituation, sondern ich will wirklich etwas grundlegend Neues, und ich weiß auch, was es ist!«

Es hat trotzdem noch ein gutes halbes Jahr gedauert, bis ich vollständig aus meinem bisherigen Beruf ausgestiegen bin. Zunächst habe ich in bescheidenen Teilschritten angefangen, in meinem Leben Raum zu schaffen für den Beginn meiner neuen Berufstätigkeit. Dabei waren die Methoden aus dem klassischen Coaching zur Formulierung von Teilzielen und von Strategien zu deren Umsetzung in die Praxis sehr hilfreich. Seit einigen Wochen arbeite ich nun in meinem neuen Beruf. Ich kann körperlich spüren, wie sehr der Wechsel an der Zeit war. Der Dauerrückenschmerz, dem weder durch Sport noch durch Yoga beizukommen war, ist verschwunden.

SANDRA PEERMEYER ■

HELLWACH IM TRAUM

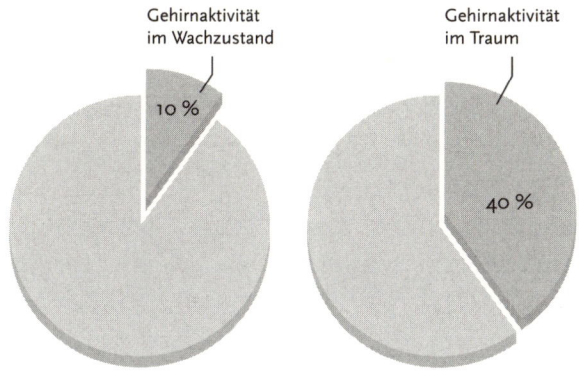

Gehirnaktivität
im Wachzustand

10 %

Gehirnaktivität
im Traum

40 %

Im Wachzustand rufen wir im Allgemeinen nur zehn Prozent unserer Hirnkapazität ab, im Traum, beim Tagträumen oder bei inneren Reisen, ebenso wie bei Ekstasezuständen, sind es volle 40 Prozent. Ein beachtlicher Unterschied, der nicht unberücksichtigt bleiben sollte, wenn man das Potenzial, mit dem man sein Leben bestreitet, weitestgehend ausschöpfen will. Oder wie es der FAZ-Autor Christian Schneider ausdrückt: »Ekstasetechniken haben den Sinn, uns für gewisse Zeiten aus der Realität herauszunehmen, damit wir in neuer Weise in sie einsteigen, ein neues Bild von ihr und unserem Verhältnis zu ihr entwerfen können. Letztlich geht es darum, uns das Außeralltägliche wieder zugänglich zu machen, das wir selbst in uns tragen: die Transzendenz unserer Wünsche. Nicht Realitätsverleugnung steht also auf dem Programm von DreamGuidance, sondern die Möglichkeit, die eigene Wunschstruktur zum gezielten Umbau der Realität zu nutzen.«[11]

Viele Klienten nutzen die Werkzeuge, die im Coaching zur Anwendung kommen, noch Jahre später privat und beruflich für sich. Haben sie einmal das Vertrauen gegeben, dass sich damit etwas wandeln lässt, dass sie wirkungsvoll sind, dann verbleiben sie wie von selbst im aktiven Repertoire der persönlichen Strategien.

■ Die Nutzung innerer Bilder, das Vertrauen in die eigene Intuition und die Bereitschaft, auch Entscheidungsinstanzen neben dem eigenen Wachbewusstsein überhaupt gelten zu lassen, sind mir bis heute vertraute Praxis.

CHRISTOPHER PETERKA ■

Humor und Überraschung

Das Unbewusste lässt sich auf vielfältige andere Weise auch in Coaching-Prozesse einbeziehen, Sie werden hierzu im Laufe des Buches noch einige Möglichkeiten kennenlernen. Überdies arbeite ich gern mit Humor und Überraschung – was sich im Buch nicht so leicht darstellen lässt, da ich ja leider nicht persönlich auf Sie, Ihre momentane Befindlichkeit und Ihre Reaktionen auf den Text eingehen kann. Bei den KlientInnen in der Beratung ist das natürlich anders.

■ Wie viele meiner Kollegen plagten auch mich Selbstzweifel und Ängste um meine Anerkennung. In Frau Morriens Beratungsstunden fand ich Zeit und Raum, diese blockierenden Gefühle neu zu beleuchten. Während ich es genoss, meinen Erfahrungen aus Kindheitstagen bunt und detailgetreu Ausdruck zu verleihen, fragte mich Frau Morrien, ob ich Bargeld dabeihätte. »Wie unpassend!«, dachte ich erst, aber da das Vertrauen zu meinem Coach bereits gefestigt war und ich immer Lust auf Experimente habe, rückte ich einen wertvollen 200-Euro-Schein raus, den ich zufällig in meinem Portemonnaie hatte.

Zu meinem Entsetzen zerknüllte sie dieses teure Stück Papier sofort vor meinen immer größer werdenden Augen, warf es auf den Boden und trampelte dann auch noch darauf herum. Mein Gesicht verwandelte sich zu einem Fragezeichen. Sie legte sich diesen bis zur Unkenntlichkeit malträtierten Geldschein aufs Knie und fragte mich, ob ich »den« noch haben wolle. »Natürlich!«, antwortete ich, ohne auch nur eine Sekunde zu zögern. Frau Morriens Erwiderung auf meine Reaktion veränderte meine Einstellung zu vielen Dingen maßgebend: »Sehen Sie, Frau Breternitz, egal, was man zu Ihnen sagt, wie man Sie behandelt oder was man Ihnen antut, Ihr Wert bleibt immer der gleiche, genau wie es bei diesem Geldschein der Fall ist.« Recht hat sie!

BRIGITTE BRETERNITZ ◼

Humor und Überraschung – diese beiden Elemente sind die Schrecken einer jeden festgefahrenen Routine.[12] Sie schaffen sofort Raum im Bewusstsein – man weiß plötzlich nicht weiter, der Verstand steht still, neue Erkenntnisse, Zusammenhänge, Ideen, Wahrheiten nutzen dann gern die Chance, aus dem Unbewussten hervorzukommen. Und das kann manchmal ganz unbeabsichtigt Einsichten in Lebensbereiche bringen, die gar nicht zur Debatte standen. Doch das Unbewusste spiegelt uns wohl zielsicher immer das, was gerade wichtig ist. So erinnere ich mich an einen jungen Mann, der sich auf der geführten Reise in der nahen Zukunft mit einem Kind sah – seinem Kind, das er aber doch gar nicht hatte. Ein Irrtum? Eine Woche später rief er mich an, um mir mitzuteilen, dass seine Freundin schwanger sei, er hatte es nur noch nicht gewusst. Zumindest nicht bewusst.

Äußere Fakten – oder was für die Aufgaben von DreamGuidance interessant ist

»Wer sich auf Morriens Konzept einlässt, dem geht es nicht nur um kurzfristige Ziele oder aktuelle Konflikte, die es zu lösen gilt. Coaching-Erfahrene werden sich vielleicht sogar wundern, wie wenig die Trainerin von der beruflichen Situation, Zoff mit Chef oder Kollegen oder dem alltäglichen Ringen um Erfolg wissen will. Stattdessen schlägt sie den großen Bogen von der Vergangenheit in die Zukunft und zurück in die Gegenwart. ›Was haben Ihre Urgroßeltern eigentlich so beruflich gemacht?‹, fragt sie und lacht über mein erstauntes Gesicht.«[13] So beschreibt es Ismene Poulakos, Ressortleiterin Magazin beim *Kölner Stadt-Anzeiger*.

Ich würde sagen: Aus Wünschen werden erreichbare Ziele, wenn die von mir entwickelte Methode zum Einsatz kommt – das zumindest ist der Anspruch, den ich mit DreamGuidance habe. Es ist, noch einmal zusammengefasst, eine ganzheitliche Coaching-Methode, die darauf abzielt, verborgene Potenziale bewusst zu machen, um diese im Sinne der eigenen Absicht anzuwenden. Heute existiert die Methode seit etwa 17 Jahren, sie hat sich aus ursprünglich vagen, aber bereits in ihrer Klarheit das Heutige vorausahnenden Anfängen stetig weiterentwickelt.

Mein Weg zur DreamGuidance-Methode

Neben Intelligenz und logischer Verstandesschärfe haben mich schon immer auch die selten ausgeschöpften Potenziale von Traumwahrheiten, Intuition und Unterbewusstsein interessiert. Sie anzuzapfen, das ahnte ich bereits früh, lässt größere Sicherheit bei Entscheidungen, mehr Mut zu kreativen Lösungsansätzen und gesteigerte Schaffensfreude für beinahe jeden erreichbar werden. Ich begab mich also auf die Suche.

Nach ersten Semestern an geistes- und sozialwissenschaftlichen Fakultäten verschiedener Universitäten in Deutschland führte mich die Neugier (und ein Vollstipendium) in die Vereinigten Staaten. Als »Master of Science in Mass Communications« verließ ich zwei Jahre später die Boston University. Anschließend erwarb ich an der Fortbildungsakademie der Wirtschaft (FAW) in Köln mein Know-how als PR-Beraterin. Neben meiner beruflichen Karriere qualifizierte ich mich überdies im Rahmen einer mehrjährigen berufsbegleitenden Fortbildung in den Tätigkeitsfeldern Management-Supervision, Organisationsentwicklung und Personal Coaching an der Europäischen Akademie für psychosoziale Gesundheit/Fritz Perls Institut (EAG/FPI). Ich verfolgte parallel über Jahre hinweg eine spirituelle, im Besonderen schamanische Ausbildung bei ExpertInnen weltweit. Mit DreamGuidance legte ich schließlich ein eigenes ganzheitliches Coaching-Konzept vor, in das alle meine Erfahrungen einflossen und das ich seither in eigener Beratungspraxis – COP: Coaching • Organisation • Public Relations – anwende. DreamGuidance ist eine Servicemarke von mir und damit rechtlich geschützt.

Ich habe selbst erfahren, dass der richtige Weg nicht immer geradeaus führt. Damit fühle ich mich glaubwürdig und stark an der Seite meiner Coachees, die aktuell häufig in Umbruchsituationen, Krisen oder zumindest punktuellen Entscheidungsengpässen stecken. Und ich weiß, dass sich auch eine Methode stetig weiterentwickeln sollte. So berücksichtige ich möglichst zeitnah immer die jüngsten Erkenntnisse der Hirnforschung ebenso wie Techniken etwa des Psychodramas (Jakob Levy Moreno), der Analytischen Psychologie (Carl Gustav Jung) und der Systemischen Strukturaufstellungen (Matthias Varga von Kibéd und Insa Sparrer). Aber auch uraltes, schamanisches Wissen unserer Ahnen, das bei vielen

indigenen Völkern überlebt hat beziehungsweise als Core-Schamanismus (Michael Harner und Sandra Ingerman) modernisiert
wurde, wird in die lösungsorientierten Klärungsprozesse einbezo-
gen, wie Sie bereits erfahren konnten.

Es freut mich sehr, in diesem interessanten Wirkungsfeld tätig
sein zu können, selbst unzählige Anregungen für meinen Weg aus
dem Kontakt mit den Coachees zu gewinnen und vor allem das
eine oder andere Mal wirklich tief greifend unterstützen zu können. Und es freut mich, dass ich heute sagen kann: Die viel be-
schworene Work-Life-Balance ist möglich, Schaffenskrisen und
Phasen der inneren Leere sind überwindbar.

Die Menschen, die mich aufsuchen

Meine Klientinnen und Klienten kommen aus den Führungseta-
gen von Großunternehmen ebenso wie aus dem Kreis von Selbstständigen, FreiberuflerInnen und KünstlerInnen. Auffallend viele
gehören der Medienbranche im weitesten Sinne an, sehr viele der
schreibenden Zunft. Da ich diese Branche vor dem Hintergrund
meiner beruflichen Biografie sehr gut kenne, fühlen sie sich offensichtlich gut bei mir aufgehoben. Sie alle haben bereits einen inneren Prozess hinter sich, wenn wir uns das erste Mal begegnen.
Wenn sie von der Firma geschickt werden oder ich zu ganzen
Gruppen in die Unternehmen komme, haben sie sich bereits Gedanken gemacht, was sie erwarten könnte.

Sandra Przybylski, bis jüngst Personalleiterin bei Endemol,
buchte mich mehrfach für ihre Mitarbeiter und machte dabei erhellende Erfahrungen:

■ »Die Kraft der Träume nutzen«. Obwohl den Kollegen der Medienbranche nachgesagt wird, sie seien innovativ, kreativ und im-

mer offen für Neues, schreckten gerade einige der Kreativen bei diesen Worten zurück. »Was soll ich denn da so träumen?«, »Wer ist denn diese Frau Morrien?« und »Kannst du mich nicht lieber auf ein Zweitageseminar schicken?«, waren die Erwiderungen auf mein Angebot, die Kollegen durch ein Coaching mit ganzheitlichem Beratungskonzept ... zu unterstützen. ...

Nach anfänglichen Irritationen und einer großen Portion Skepsis sind der Begriff und der Prozess des Coachings mittlerweile unter dem Berg der Vorurteile und Falschinterpretationen hervorgezerrt und etabliert worden. Die Umschreibung »Einzelseminar für ausgewählte Mitarbeiter« wird von den Kollegen als sehr schmeichelhaft empfunden. Und auf einmal träumt es sich auch ganz leicht! ...

Frau Morrien versteht es auf ihre ganz eigene Weise, die Begriffe »Coaching« und »DreamGuidance« zu entzaubern und für Coaching-Laien verständlich zu entschlüsseln. Die Arbeitsergebnisse sind spürbar – für die Mitarbeiter und auch für das Unternehmen. Und mittlerweile wird bei mir angefragt: »Du, da gibt es so etwas Ähnliches wie ein Seminar, kann ich da auch mal hin?«

SANDRA PRZYBYLSKI ■

Veränderungen – und diese sind, in welcher Form auch immer, der Kern und Sinn eines Coachings – sind nicht unbedingt das, womit wir uns leichttun. Und so haben insbesondere die Menschen, die mich von sich aus aufsuchen – und das neben der Möglichkeit, sich die Beratung anteilig bezuschussen zu lassen,[14] auch selbst finanzieren müssen –, oft eine Zeit lang mit sich gerungen: Schaffe ich es wirklich nicht allein? Brauche ich jemanden, der mir rät? Was, wenn ich mich nicht verstanden fühle? In eine falsche Richtung gelenkt werde? Was, wenn mir klargemacht wird, dass es zu spät ist, meine Träume zu erfüllen, oder es überhaupt nur Hirngespinste sind? Was, wenn ich einsehen muss, dass ich versagt habe?

Viele Menschen, und nicht nur die aus kreativen Berufen, schätzen es, dass DreamGuidance nicht so wie die herkömmlichen Coachings ist. Reflektierende, sich selbst befragende Menschen haben meist bereits alle Möglichkeiten und Wege und Eventualitäten ihrer aktuellen Situation durchdacht, bevor sie sich für ein professionelles Coaching entscheiden. Sie wissen, dass ihnen mit den Tipps, die sie auch in schlauen Büchern nachlesen könnten, nicht geholfen ist. Sie suchen etwas anderes, Innovatives, Ungewöhnliches, etwas, das ihnen einen ebenso anderen, innovativen, ungewöhnlichen Fingerzeig zu neuen Ufern gibt. Und genau das – das sage ich bei aller Bescheidenheit – ist DreamGuidance. Denn es holt die Antworten aus den Tiefen des Unbewussten, und dieser Pool ist unendlich, unversiegbar und für alle Themen und Unterthemen offen.

■ Birgitt Morriens Homepage vermittelte mir einen Eindruck, der sich später in allen Sitzungen bestätigte: Bei der von ihr praktizierten Form des Coachings bekomme ich, was ich brauche, weil sich darin ein tiefes Vertrauen in die Kraft von Lebensträumen mit einer sehr breiten Palette »handwerklicher« Beratungskompetenzen verbindet.

SANDRA PEERMEYER ■

Sicherlich ringen auch noch so manche mit ihrer Skepsis, wenn sie bereits bei mir in der Praxis sitzen. Ein Coaching an sich ist schon aufregend, denn es wird ans Eingemachte gehen. Oder wie es FAZ-Autor Christian Schneider ausdrückte: »Es gibt kein wirkungsvolles Coaching, das nicht in irgendeiner Weise die existierende Ich-Integration und Persönlichkeitsbalance der Klienten infrage stellt.«[15] Bei DreamGuidance kommt hinzu, dass es keine allzu gewöhnliche Methode ist und daher zusätzliche Ängste hervorrufen kann, was denn nun wohl passieren wird, wenn man sich einmal in die Fänge der Coaching-Expertin begeben hat.

Nur selten allerdings springt der Funke nicht über, sind die Ratsuchenden enttäuscht oder brechen die Sitzungen vorzeitig und ohne Ergebnis ab. Aber auch das kann ich akzeptieren. Wir Menschen sind sehr unterschiedlich und nicht jede Methode passt zu jedem. Im Allgemeinen jedoch ziehe ich genau die KlientInnen an, die mit DreamGuidance und dessen sehr breit gefächerten Angebot etwas anzufangen wissen.

■ Um es kurz zu machen: Ich bin ein Mann. Und so erlag ich dem Charme des Konstruktiven, den Frau Morrien so unglaublich humorvoll transportiert. Ich ließ mich antriggern von der Vorstellung, eine Fantasiereise in die Zukunft zu machen, um dort auf den Stefan zu treffen, der mir aus dem Schatz seiner Erfahrungen den Weg veranschaulicht, den er durchs Leben gewählt hat. Hin zum Glück natürlich, das zu vermuten war ich – selbst zu dieser Zeit – noch hoffnungsvoll genug. ...

Zuallererst klang das für mich eher nach Spaß als nach Coaching. Fantasie statt Tabellen? Emotionale Vision statt psychologische Planwirtschaft? Okay, das war mein Ding. Ich zappelte am Morrien-Haken. Ein skeptisch aufgeschlossener Fisch mit Grätenschmerzen.

STEFAN MÜLLER ■

Angestellt oder frei?

Abgesehen von den ManagerInnen arbeitet die überwiegende Zahl meiner KlientInnen selbstständig. Manche vielleicht nur zeitweise, doch beinahe alle kennen die Selbstständigkeit und das Freiberuflertum. Einige kommen als Angestellte zu mir, die sich in der Routine verfangen haben und das Locken der beruflichen Freiheit spüren, ohne sich noch recht zu trauen. Andere haben ihren Job verloren und sehen in der Selbstständigkeit den einzigen Ausweg – und gewinnen dann sogar Freude daran, als hätten sie diesen Schubs vom Leben gebraucht. Auf der anderen Seite gibt es Freie, die die ständige Sorge um die nächste Miete, und das nicht selten bei guter Auftragslage, einfach nicht mehr aushalten und sich fragen, ob sie in einem vergleichsweise »gemütlichen« Angestelltenverhältnis nicht besser aufgehoben wären.

■ Ich überlegte. Ich rang mit mir. Klar, auf einem solchen Posten hätte ich ein für alle Mal ausgesorgt. ... Nie wieder die Befürchtung, eines Tages mit Hund und Computer unter eine der vielen Isarbrücken ziehen zu müssen. All diese Sorgen wäre ich mit einem Schlag los. Mein Gott, was für ein Leben!

Eben. Ein ziemlich langweiliges Leben sei das, wagte mein Bauch dagegen einzuwenden. Genau dort spürte ich nämlich eine ungeheure Abneigung gegen solche »vernünftigen« Vorstellungen von finanzieller Sicherheit und geregeltem Arbeitsablauf. Nein, ich bin kein Teamworker. Ich liebe meine Freiheit. Und ich liebe meine helle, sonnige Wohnung, die mehr Büro als Wohnzimmer ist. Ich liebe es, allein vor mich hin zu schreiben. Und ich liebe es, zwischendrin, wenn mir nichts mehr einfallen will, einfach aufzuspringen und mit meinem Hund durch die Gegend zu laufen, zu radeln oder mich mit einer Freundin zu einem kleinen Ausflug zu verabreden.

KATHRIN WAGNER ■

Freie haben nach meiner Erfahrung offenbar mehr Souveränität, ein Coaching positiv zu sehen und es auch in dieser Weise nach außen zu kommunizieren. Sie betrachten es nicht defizitorientiert, sondern wollen das Potenzial entdecken. Abhängig Beschäftigte heißen nicht umsonst so. Sie befürchten vielfach stärker, dass es in ihrem Unternehmen so gesehen wird, als hätten sie ein Problem – und nicht ein Potenzial, dass sich auch zum Besten der Firma entfalten ließe. Seit Jahren bin ich für viele große Unternehmen Vertragspartnerin und beobachte, dass erstaunlich viele von dort auf eigene Rechnung zum Coaching kommen – aus der gleichen Befürchtung heraus. Obgleich sie formal den Anspruch hätten, sich das Coaching von ihrem Arbeitgeber zahlen zu lassen.

Auch wenn ich selbst die Selbstständigkeit sehr schätze und den Großteil meiner Coachees darin glücklich erlebe – ich kann keine allgemeingültige Empfehlung dafür geben. Ganz und gar nicht. Für einige ist gerade eine Festanstellung die Chance, erfolgreich, glücklich und in einer gesunden Balance aller Lebensfelder zu leben. Zugleich sind aber gerade Führungskräfte als »Sandwich« häufig coachingbedürftig und oft schon recht jung coachingerfahren.

Selbstständige sind meist Einzelkämpfer, selbst wenn sie Mitarbeiter beschäftigen. Sie sind allein für den Karren, den sie ziehen, verantwortlich. Und oft erlaubt es ihre Zeit nicht einmal so recht, sich intensiv mit anderen ihrer Art auszutauschen. Sicherlich sind sie auch deshalb diejenigen, die am häufigsten ein Coaching buchen, wenn sie nicht weiterwissen.

Lassen Sie mich an dieser Stelle die Erfolgsgeschichte einer Frau schildern, die in der Beratung hinter zu vielen Ansprüchen ihre wirkliche Aufgabe fand – und sich darin mit großem Engagement selbstständig machte. Ursula Frese hatte elf Jahre lang die Leitungsposition des sozialen Dienstes in einem Altenheim ausgefüllt, als sie krank und weniger leistungsfähig wurde. Wie sie sagte, scheiterte sie an zu hohen Erwartungen an sich selbst und fand zu wenig Unterstützung durch Kollegen und Heimleitung. Sie fühlte sich zunehmend als verzweifelte Einzelkämpferin.

■ Durch DreamGuidance wurde mir in wenigen, aber intensiven und tiefen Begegnungen mit meiner inneren Wirklichkeit vieles klar. Ich verstand plötzlich, dass die fehlenden positiven Rückmeldungen eine Seite waren, die andere hingegen waren mein Perfektionsanspruch und die damit verbundene Hellhörigkeit für kritische Äußerungen. Mehr noch: Mit meiner einseitigen Wahrnehmung wuchs mein Misstrauen. Ich war in einer Spirale gefangen, die mich ins Abseits führte.

Einfühlsam und liebevoll begleitet von Birgitt Morrien bekam ich in einer mentalen Zeitreise eine andere Wahrnehmung von mir. Ich sah, was ich selbst zu dieser vertrackten Situation beigetragen hatte.

Mit diesem Verständnis und der Annahme meiner Verantwortung an dieser Situation wurden mir aber auch meine Potenziale und Stärken bewusst. Ich konnte klar und deutlich erkennen, welche Leistungen ich erbracht hatte, was ich alles in den elf Jahren meiner Tätigkeit in dieser Institution bewegt hatte. Besonders stolz machte mich aber die Rückschau auf die Begegnungen mit den Bewohnern. Ich sah, wie viel Sicherheit und Geborgenheit ich ihnen gegeben hatte, wie ich sie mit meiner Wertschätzung in ihrem eigenen Bewusstsein stärken konnte. Meinem Auftrag, für diese mir anvertrauten Menschen da zu sein, konnte nicht besser entsprochen werden!

URSULA FRESE ■

In genau dieser empathischen Zuwendung zu den ihr anvertrauten Menschen und auch denen in ihrem Privatleben erkannte Ursula Frese plötzlich den roten Faden und die Liebe, die sie bis dahin nicht wahrgenommen hatte, die aber alles begleitete und trug, was sie tat. Es war die Kraft, die sie unbeirrt weitergehen ließ, auch wenn sie manchmal »das Gefühl hatte, ein Nichts zu sein«.

Im Coaching nun entwickelte sich aus diesem roten Faden, dem Grundgefühl des liebevollen, freiwilligen, freudvollen Dienens, die Vision für das Neue: der Ausstieg aus den alten, lähmenden Strukturen und die Gründung eines eigenen Pflegedienstes, in dem genau diese herzliche Zuwendung zu den Pflegebedürftigen im Zentrum stehen sollte. Und das nicht im Hauruck-Verfahren, sondern in aller gesunden Ruhe.

■ Die Bilder, die ich deutlich vor mir sah, gaben mir Sicherheit, Zuversicht und Vertrauen in die Zukunft, in meine Zukunft. Die alten Verstrickungen und gefühlten Unzulänglichkeiten begannen sich aufzulösen. Der Blick wurde klarer. Mein Leben drehte sich um 180 Grad ...

Welch ein herrlicher Gedanke – kein Muss, kein Soll, sondern nur ein Sein. Welch eine Entlastung! Es ist genau diese Ruhe, die ich mir ein Leben lang verwehrt habe. Ich habe sie geopfert für den Anspruch, immer etwas leisten zu müssen. Und genau dieser Anspruch war und ist es, der meinem Glück und meinem Erfolg im Weg steht.

Heute, ein Jahr danach, bin ich verheiratet mit dem wundervollen Menschen, mit dem ich bislang zusammengelebt habe. Einen lang gehegten Wunsch, mich zur Ayurveda-Massage-Therapeutin ausbilden zu lassen, habe ich realisiert und die Ausbildung erfolgreich beendet.

Zum guten Schluss habe ich meine sichere und gut bezahlte, mich krank machende Arbeitsstelle aufgegeben, um mich mit meinem Unternehmen *Viadukt – Neue Wege in der Pflege* selbstständig zu machen.

Mit der neu gewonnenen Gewissheit meiner Stärken, gekoppelt mit der langjährigen Berufserfahrung in der Altenarbeit und der Ausbildung zur Massage-Therapeutin, biete ich für Pflegende und Pflegebedürftige eine ganzheitliche, umfassende Beratung und Begleitung an.

URSULA FRESE ■

Wiederum zwei Jahre später lässt sich berichten, dass Frau Frese ihr Unternehmen stetig wachsen lassen konnte. Sie ließ sich weiter ausbilden, neben der ayurvedischen Massage bietet sie heute auch Klangschalenmassage an, zudem ist sie Lehrkraft in ihrem Berufsbereich.

■ Wenn ich auf die letzten Jahre zurückschaue, so sind sie von Erfolg geprägt … Die Sicherheit, die ich vor allem durch die inneren Bilder, die meine ganz persönlichen, eigenen Kreationen waren, gewonnen habe, ist eine gute Basis. Sie stärken im »Hier und Jetzt« und bauen Brücken in die Zukunft.

URSULA FRESE ■

Neben Freien, die sich anstellen lassen, und Angestellten, die die Selbstständigkeit suchen, gibt es noch die Aussteiger auf Zeit. Einige wagen den Traum, den viele andere sich nicht verwirklichen – und natürlich wäre er auch nicht für jeden das Richtige: eine Pause, ein Sabbatical, eine Kündigung ohne neue berufliche Perspektive. Der Kölner Ingenieur Thomas Stromberg beispielsweise kündigte mit Anfang 40 seine Festanstellung, einfach um mal aus dem Alltagstrott auszusteigen und zu schauen, ob es nicht noch etwas anderes gibt. Die Reaktionen seines Umfeldes waren eher distanziert.

■ Freunde und Bekannte mutierten zu Hobbypsychologen und bescheinigten mir eine Midlife-Crisis oder ein mächtiges Burnout-Syndrom. (Kann ja sein, na und …) Gekräuselte Stirnen und wohl gemeinte Ratschläge, die von einer Lücke im Lebenslauf dringend abrieten.

THOMAS STROMBERG ■

Nur diejenigen, die selbst mal dem Hamsterrad entflohen waren und etwas völlig anderes, »Verrücktes« gemacht hatten, konnten ihn verstehen. Während seiner sechsmonatigen Auszeit entschied sich Thomas Stromberg für ein Coaching.

■ Nach der Selbsterlaubnis zur längeren Berufspause und einer inspirierenden und erholsamen Reise nach Neuseeland, während der ich ohne Ablenkung durch andere Personen oder Meinungen das Coaching in Teilbereichen überdenken und verarbeiten konnte, begab ich mich auf die Suche nach einer Tätigkeit als Ingenieur. Das Berufsfeld passt zu mir und ist auch, zur jetzigen Zeit, der richtige Weg, das hatte mir das Coaching noch einmal deutlich gemacht. ...

Durch konkrete Vorstellungen von Arbeitsablauf – und einer höheren Einstufung der Priorität meiner Freizeit –, Thema, Anspruch an Kreativität, Atmosphäre und Gehalt fand ich letztendlich zu meiner neuen Anstellung, in der ich sehr zufrieden bin. Ich weiß nun, dass das Aufspüren von zufriedenstellenden Lebensprofilen den Einsatz von sensiblen Sensoren mehr erfordert, als ich es gedacht habe.

Zusammenfassend kann ich sagen, dass sich mein persönlicher Lebensmix zum Positiven geändert hat, wobei nicht nur das Coaching den Anlass dazu gegeben hat. ... Ich habe erkannt, dass ich aktiv Veränderungen nach meinem Maßstab und der Vorgabe meines Tempos herbeiführen möchte. Das Leben ist zu facettenreich, um Stillstand zu akzeptieren. Das tägliche Arbeitsgrau raubt nur Lebenszeit und Lebenskraft. Es gibt noch viel zu tun – und ich habe noch viele Ideen.

THOMAS STROMBERG ■

Übrigens: Mit all den Beispielen in diesem Buch möchte ich Ihnen zeigen, dass die Wege zum Glück äußerst vielfältig sind. Und ich lade Sie ein, sich selbst auf die Schliche zu kommen, indem Sie prüfen, wie Sie selbst auf die einzelnen Zitate von Coachees reagieren. Was spricht Sie an? Was stößt Sie ab? Was macht Sie neidisch? Was wünschen Sie sich also für sich selbst zu realisieren? Und wo geht Ihnen das Herz auf?

Wissenschaftlich untermauert

Seit 2011 liegen die Ergebnisse einer Studie vor, deren Grundkonzept ich bereits 1998, damals an der Universität Köln im Fachbereich Heilpädagogische Psychologie bei Professor Jörg Fengler, entwickelt habe. Es war mir wichtig zu belegen, dass Dream-Guidance eine Methode ist, die nachweislich Verbesserungen im beruflichen Leben und Erleben der Klientschaft initiiert. Drei Hypothesen habe ich verifiziert:

1. DreamGuidance wirkt in der Selbsteinschätzung der Befragten klärend in Entscheidungssituationen.
2. DreamGuidance fördert in der Selbsteinschätzung der Befragten die Entwicklung der Lösungsstrategien.
3. DreamGuidance befähigt in der Selbsteinschätzung der Befragten die Klienten, Entscheidungsphasen in der Praxis erfolgreich zu bewältigen.

80 KlientInnen wurden auf ihre Situation vor und nach dem Coaching befragt. Im Design der Studie waren für alle TeilnehmerInnen standardisiert fünf Sitzungen vorgesehen. Studienleiterin Dr. Claudia M. König von der Leibnitz Universität Hannover wertete die Ergebnisse aus und konnte die ersten beiden Thesen eindeutig bestätigen. DreamGuidance begünstigt demnach die Entscheidungsfindung und strategische Lösungsentwicklung maßgeblich. Jedoch konnte im Rahmen des vorgegebenen Studiendesigns die dritte Hypothese keine signifikanten Ergebnisse bringen. Der Transfer in die eigenständige Lebenspraxis scheint das zu sein, was mehr Zeit braucht. In dem Zusammenhang regt Claudia M. König in ihrer Diskussion der Ergebnisse an, eine entsprechende Form der Supervision anzubieten, um den persönlichen Weiterentwicklungsprozess über die standardisierten fünf Sitzungen hinaus punktuell zu begleiten.

Das ist gegeben, konnte aber im vorgegebenen Studienrahmen und der damit verbundenen zeitlichen Begrenzung der Beratungen nicht erfüllt werden. Diese supervisorische Begleitung in der Umsetzungsphase wird von mir jedoch grundsätzlich angeboten. Die meisten meiner KlientInnen suchen mich in größer werdenden Abständen immer mal wieder auf, um sich neue Anstöße auf ihrem Weg und eine eventuelle neue Kurskorrektur geben zu lassen.

So zeigt die Studie insgesamt, dass die Methode auch wissenschaftlich belegbar wirksam ist, auch wenn mir meine KlientInnen bereits seit Jahren zeigten, dass sie funktioniert. Claus Peter Simon, geschäftsführender Redakteur von *Geo Wissen*, fasst die Ergebnisse so zusammen: »DreamGuidance wirkt tatsächlich klärend in Entscheidungssituationen. Und es fördert die Entwicklung von Lösungsstrategien in der Selbsteinschätzung der Befragten, die Wertschätzung der eigenen Intuition und Gefühle nimmt zu. Ein derart entwicklungsorientiertes Coaching ist auch heute noch eher die Ausnahme denn die Regel. Aber es werde von den Klienten mehr und mehr eingefordert, konstatiert Christopher Rauen, Vorsitzender des Deutschen Bundesverbandes Coaching.«[16]

Was heißt Erfolg? – Oder welche Wege zum Glück führen können

Coaching soll zum Erfolg führen. Was aber ist das? Auf diese Frage mag es so viele unterschiedliche Antworten wie Menschen geben. Auf den ersten Blick könnte es uns in einer Welt, in der vor allem in der Wirtschaft ein Höher-Schneller-Weiter gilt, so vorkommen, als hieße Erfolg einfach: mehr Geld, mehr Macht, mehr Ansehen. In einem ganzheitlichen Coaching bewahrheitet sich das allerdings nicht. Vielleicht kommen die Klienten sogar mit diesem inneren Bild von Erfolg zu mir, damit ich ihnen helfe, es umzusetzen. Doch wenn wir uns dann tieferen Schichten ihres Wesens zuwenden – dem Wesentlichen –, geht es nicht selten plötzlich um etwas ganz anderes. Das heißt nicht, dass ein gutes finanzielles Auskommen und steigende Reputationen dann nicht mehr wichtig wären. Aber sie verlieren oft ihre Einschätzung als erste und oberste Priorität und ordnen sich Zielen unter, die individuellen, tiefer liegenden Wünschen oder Neigungen entsprechen.

Wenn ich miterlebe, wie Menschen zu dem vordringen, was ihnen persönlich wirklich ein Anliegen im Leben ist, wenn ich das Erstaunen und die Erleichterung spüre, die einen solchen Prozess der Selbsterkenntnis begleiten, weiß ich, dass es sich gelohnt hat, immer wieder mal weniger freundlichen Anmerkungen zu meiner Methode standzuhalten.

Beispiele unterschiedlichen Gelingens

Um Sie ein bisschen intensiver in die Atmosphäre eines Coachings hineinschnuppern zu lassen und Ihnen überdies zu zeigen, dass die vielfältigsten Methoden zur Anwendung kommen können und keine Beratung einem vorgefassten Schema folgt, habe ich mich entschieden, Ihnen ein Beispiel ausführlich wiederzugeben (der Name des Klienten wurde dabei auf seinen Wunsch hin geändert). Es ist in meiner Erfahrung das beste Beispiel für ein ganzheitlich gelungenes, im herkömmlichen und nur am Prestige orientierten Sinne zugleich jedoch beinahe desaströs zu nennendes Coaching: die Wandlung eines Mannes vom Chefredakteur zum … noch wird nichts verraten:

Als der Mann erstmalig zur Praxis hereinschritt, musste ich aufschauen. Obgleich ich mit meinen 184 Zentimetern nicht wirklich klein bin, überragte mich mein neuer Klient noch einmal um eine gute halbe Kopfeslänge. Und er war sehr sportlich, sodass ich mir ihn spontan wenig in einem Großraumbüro vorstellen konnte. Eher als Ranger in freier Wildbahn. Mit meinem Ersteindruck hat es immer eine Bewandtnis. Wie nah dran ich mit meiner Assoziation an seinen – noch ihm selbst verborgenen – Wünschen war, wurde mir jedoch erst später offenbar.

Als wir uns kennenlernten, war Thoben tenHorst 29 Jahre alt und bereits Chefredakteur in der Programmsparte Nachrichten. Die Aufgabe gefiel ihm. Aber er spürte, dass da noch etwas in ihm nach Verwirklichung drängte. Etwas, das er noch nicht zu fassen kriegen konnte.

Diese Etwas war in jedem Fall grün, ergab mein Farbtest. Und es hatte einen tiefen Ton, so der Klangtest. Mit dieser Art Tests nähere ich mich einer Frage visuell oder akustisch. Spontan werden dabei Farbe und Klang einer neuen Aufgabe oder Zielrichtung zugeordnet. Eine erste spielerische Option, das Thema zu bestimmen.

Mir war klar, dass ich hier jemanden vor mir hatte, mit dem sich sicher gut bei einem Spaziergang oder auf dem Rad plaudern ließe. Also bot ich ihm wahlweise das von mir sogenannte Walk-Coaching oder Rad-Coaching an. Er entschied sich begeistert für die Fahrradvariante. Für meine Arbeit mit Coachees in Köln geht es dann auf eine Wegstrecke, die ich als Licht-Route bezeichne, sprich: Mein Coachee und ich starten am Dreikönigenschrein im Kölner Dom. Dort zeige ich ihm einen wunderbaren Diamanten (allerdings nur noch auf einer Zeichnung zu bestaunen), die Schenkung eines meiner Vorfahren. Da ein Diamant seine Leuchtkraft nur unter großem Druck im tiefsten Erddunkel entwickelt, scheint mir dieser Startpunkt passend. Die Diamantmetapher gefiel auch tenHorst, denn es drängte ihn ja nach Klärung.

Von der Kathedrale aus radeln wir durch wunderbare Landschaften gemeinsam bis zum Kloster Knechtsteden, wo tenHorst in der Basilika zur Belohnung für die auch erschöpfende Anreise eine Kerze anzünden darf. So bringen wir Licht in den Dämmer dieses alten Gemäuers, sinnbildlich für unsere eigene Suche nach Klarheit.

Die Radtour selbst gerät zur spielerischen Recherche in Sachen Berufsgenogramm. En passant lasse ich mir von tenHorst berichten, woher er kommt, was es mit seinen Ahnen auf sich hat, wie diese ihr Brot verdient haben. Und erfahre, dass in der urgroßelterlichen Generation mütterlicherseits wie väterlicherseits arme Waldarbeiter darunter waren. Deren Kinder, Thobens Großeltern, schlugen erstmalig intellektuelle Laufbahnen ein, in deren Fußstapfen seine Eltern und auch er selbst getreten sind. Sein heimlicher Kindertraum allerdings sei es gewesen, Förster zu werden, lacht er belustigt. So, als ob er sich selbst auslachen wolle. Aber warum heimlich, will ich wissen. Weil doch für die Eltern Förster und Waldarbeiter ein und dasselbe war, meint er, nämlich gar nichts. Das habe ihn nachhaltig abgeschreckt.

Nach einem zünftigen Mittagstisch in einer schönen Restauration nahe der Basilika sitzen wir draußen unterm Sonnenschirm und genießen den Kaffee. Ein guter Zeitpunkt, um unsere Aufmerksamkeit seinen Erfolgsprinzipien zu schenken. An drei wichtigen biografischen Beispielen lasse ich mir von ihm erklären, wer oder was in seinem bisherigen Leben hilfreich war, wenn es um Veränderung ging.

Die Entscheidung fürs Studium habe er »im dicken Kopp« getroffen, sagt er, also betrunken. Während der Abiturfeten sei das eine Wette gewesen, die er unbedingt habe gewinnen wollen: Es auf die Henri-Nannen-Schule schaffen – oder aber einen Tausender berappen. Er brauchte die Summe nicht zu bezahlen, denn er wurde angenommen, was ihm wunderbare neue Möglichkeiten eröffnete. Für das gewonnene Geld kaufte er sich sein erstes Motorrad, eine Bullet 500, gebraucht. Seine Augen leuchten bei der Erinnerung an unbekümmerte Hamburger Touren.

Der gelungene Einstieg in die Medienwelt, der erste berufliche Erfolg erweisen sich genauer betrachtet als Folge von Spontaneität und Ehrgeiz. Die erste Beförderung verdankte er einem Mentor im Verlag, der an ihn glaubte und ihn im richtigen Moment mit den richtigen Leuten zusammenbrachte. Hier trug das Netzwerk, das er sich schnell aufbauen konnte – durch Sympathie und gute Leistungen. Schließlich im Privatleben, seine Frau, die sich »auf Anhieb« in den Clown verliebte, den er auf der Geburtstagsfeier eines Freundes gab. Die Tür zu ihrem Herzen erfolgreich geöffnet zu haben, verdankte er seinem Humor.

»Eigentlich ist alles perfekt«, sagt er da nachdenklich. »Was ist bloß los mit mir? Für die Midlife-Crisis bin ich eigentlich noch zu jung!« Da bringe ich die Frage nach seinem Kraftkern ins Spiel. Was ist es, das uns trägt, wenn nichts sonst mehr trägt? Was, wenn alle Gewissheit wegzubrechen droht, äußerlich wie innerlich? Für die Antwort reiche ich ihm einen mitgebrachten Zeichenblock mit Wachsmalkreiden. Aufzeichnen soll er, was ihm dazu einfällt, dem Gefühl, das zu dieser Frage aufkommt, Form und Farbe verleihen.

Auf dem Blatt finden sich bald ein Schmetterling und eine kleine Partitur, alles in Grün und sonnigem Gelb gehalten vor blauem Hintergrund. Sehr schön. Und er freut sich über die gelungene Darstellung, die ihm für das »innere Lied« steht, das er hört, wenn »die Sache stimmt«. Wie der satte Sound einer Bullet, der nach und nach, je weiter sie sich von ihm entfernt, zum leisen Flügelschlag eines Schmetterlings wird. Ein Sinnbild für Kraft und vollständige Wandlung. Sich sanft aus der Verpuppung heraus zum freien Flug aufmachen.

In der Nacht nach unserem Ausflug träumt sich tenHorst im Wald. Unterwegs mit einem Landrover, bei sich zwei Hunde, misst er den Forst aus. Fühlt er sich wohl, rundum, wie er plötzlich auf einer Lichtung steht und zu träumen glaubt, so glücklich ist er und so vollkommen richtig scheint ihm sein Leben.

Wenige Tage später, in der nächsten Coaching-Sitzung, erzählt er mir gleichermaßen bange wie begeistert von seinem Erlebnis. Sollte er wirklich …? Von einer Entscheidung sind wir in unserem gemeinsamen Prozess an dieser Stelle jedoch noch weit entfernt, sage ich ihm. Denn hier angelangt können wir alles gebrauchen, nur keinen Druck. Noch sind wir bei der Recherche, bei der Bestandsaufnahme, noch sammeln wir die Zutaten für einen Kuchen, der Klarheit heißt.

Ich bitte tenHorst, die verschiedenen Elemente des Traums auf je eine Moderationskarte zu schreiben. »Der Wald«, »Die Lichtung«, »Die Hunde« und als kleines Extra »Die unbekannte Größe«. Traumstellen nenne ich diese Übung, in der der Klient aus den verschiedenen Perspektiven der Traumelemente spricht.

»Der Wald« begrüßt ihn als neuen Förster, heißt ihn willkommen. »Die Lichtung« verrät ihm, er sei endlich am rechten Platz. »Die Hunde« versprechen ihm Seelenführung und Schutz. Und »Die unbekannte Größe« entpuppt sich als Dornröschen, das sich von ihm wie wach geküsst fühlt. Und es ist das Dornröschen, das ihn besonders anrührt, mit dem er eine starke Kraft tief in sich wach werden fühlt. »Gleich wechselt die Ampel auf Grün und die Bullet schnurrt los«, sagt er und lacht.

Vor der darauffolgenden Sitzung habe ich Kontakt zu einem Bullet-Händler in Köln aufgenommen und mir für den Tag eine 500er ausgeliehen. Eine wunderbare Gelegenheit, wieder einmal Bike-Coaching anzubieten. Eine gute Übung für alle, die in Leitungspositionen viel Kontrolle ausüben, sich mir als Coach einmal ganz anzuvertrauen. Einfach hinten aufsteigen, alles loslassen, um sich selbst leibhaftig führen zu lassen.

Als tenHorst kommt, steht die Maschine in der Sackgasse neben meiner Beratungspraxis, gut platziert hinter einem großen Wagen. Ich will ihn überraschen. So beginnt die Sitzung reflektierend: Wir arbeiten wie üblich, reden so ein Weilchen. Aber was ist Reflexion gegen Erfahrung! Ich öffne den Schrank und hole zwei Helme heraus. »Einer ist für Sie«, sage ich und bitte ihn mit vor die Tür. Irritiert folgt er mir – und ist sprachlos, als er vor dem Motorrad steht. »Hier ist der Schlüssel«, sage ich da. »Die Ampel steht auf Grün, die Bullet kann losschnurren!«

Als er von einer kleinen Spritztour um die Blocks zurückkommt, strahlt er und sagt: »Jetzt gibt es kein Zurück mehr, ich bin schon auf den neuen Zug aufgesprungen!« Und da wissen wir beide, dass nun die strategische Arbeit beginnt – wichtige Voraussetzung für die gelingende Umsetzung. Doch die klappt nur, wenn wir uns der einmal tief gefühlten Gewissheit ganz überlassen. Zur Übung vertraut sich tenHorst mir ein paar Runden an, bevor er sich später allein dem neuen Weg widmet.

Zehn Jahre später: Dem Abschied aus der alten Rolle des Chefredakteurs folgte die Zeit des Lernens der Forstwirtschaft und schließlich die verantwortliche Übernahme eines eigenen Forstes. Verunsicherungen hat es unterwegs immer wieder gegeben, jedoch nie der Art, die seine Entscheidung grundsätzlich infrage zu stellen vermochte. Eher ging es dabei darum, den neuen Ansprüchen gerecht zu werden, sich in dem neuen Lern- und Lebensumfeld zurechtzufinden. Erfreulicherweise hat tenHorsts Beziehung der Veränderung standgehalten. Seine Frau, eine freie Journalistin, hat den Berufs- und Ortswechsel nach anfänglicher Verunsicherung mitgetragen. Ihr gefällt das Leben im Grünen, sagt er, so zu leben, habe sie zuvor nur nicht zu träumen gewagt.

Für mich ist das ein voller Erfolg: ein Mensch, der seine Berufung gefunden und sich die Freiheit genommen hat, das zu leben, was ihm gefällt und entspricht. So manche allerdings verunsichert solch ein Beispiel – und denen darf ich sagen, dass sie nicht die Mehrzahl bilden, bei Weitem nicht. Neben vielen Fällen, in denen die Ratsuchenden innerhalb ihres Feldes das zu verändern lernen, woran es hakte, gibt es auch im DreamGuidance die klassischen Erfolgsgeschichten, die in sich genauso stimmig sind wie die des Försters. Und gern schließe ich hier gleich eine solche an:

Christopher Peterka[17] sah sich als erstaunlich junger und bereits langjährig erfahrener Unternehmer in der Werbebranche mit einem schweren Burnout konfrontiert und musste einsehen, wie er sagte, nicht Superman zu sein. Neben der Leitung von zwei Agenturen hatte er ein politisches Amt inne, eine Beziehung brauchte seine Aufmerksamkeit und er lief Marathon. Ein Pensum, das irgendwann nicht mehr zu schaffen war. Die entscheidende Frage, die sich ihm stellte: Soll ich in die zweite Reihe zurücktreten oder kann ich mit einem Coach einen Wandlungsprozess durchlaufen und mich mit dem, was mich ausmacht, weiterentwickeln? Er entschied sich für den zweiten Weg – und schaffte es, die Prioritäten neu zu setzen und auf eine gesündere und noch erfolgreichere Weise neu durchzustarten.

Im Coaching zeichneten sich zwei Bereiche ab: klare Schritte der Planung einerseits, beispielsweise auch dahin gehend, die Mannschaft seiner aktuellen Agentur auf ihre Stimmigkeit hin zu überprüfen. Andererseits ging es vorrangig um die Art, mit sich, der Arbeit und dem Leben umzugehen. Neu erarbeitete Lebensgrundsätze konzentrierten sich – dem Rat eines Ahnen folgend (siehe Kapitel »Lebensmaximen«, Seite 111 ff.) – konsequent auf Vertrauensbildung. Da hieß es: »Ich darf mir vertrauen, meinem intuitiven Wissen, der Energie, die immer da ist.« »Ich darf mich zurücklehnen, denn meine Kraft wirkt aus sich selbst.« »Ich genieße die Zeit, genieße es, weniger zu tun, mehr zu wirken und wahrzunehmen. Ich lasse mir Zeit.« Diese Grundsätze nahm Peterka begierig auf und sprach sie von da an im Sinne einer Übung im Alltag dreimal täglich laut für sich. Das zeigte bald Wirkung. Er spürte, dass es ihn ruhiger machte, gelassener.

Wie mit den meisten Klienten unternahm ich auch mit Peterka die P/Review (siehe Seite 125 ff.), die interessante und für ihn lohnende Bilder seiner Zukunft hervorbrachte. Einige davon haben sich bereits heute, keine fünf Jahre später, bewahrheitet.

▨ Es gibt mehrere solcher Bilder, die sich bereits erfüllt haben, und es war jedes Mal verblüffend, das zu beobachten. Teilweise waren die tatsächlichen Erlebnisse so nah an der Vorstellung in Trance, dass sich ein Doppel im Memory-Spiel ergeben hätte können.

CHRISTOPHER PETERKA ▨

Zum Abschied aus einer Coaching-Phase gab ich ihm einige Fragen mit auf den Weg, denn Fragen sind handlungsleitend und daher eines meiner wichtigsten Beratungstools überhaupt. Mit meinen Fragen möchte ich verblüffen, irritieren und so neuronale Neuverknüpfungen anregen. Unter anderem stellte ich die Frage nach dem roten Faden: Peterka wollte als Kind Pilot, internationaler Unternehmensberater und Arzt werden. Ich bat ihn, sich vorzustellen, er sei all dies schon einmal in seinem gedacht 80-jährigen Leben gewesen. Was entdeckte er rückblickend als gemeinsamen roten Faden, der sich durch alle drei Aufgaben hindurchgezogen hat? Sich damit zu befassen, führte ihn weiter in der ganzheitlichen Analyse seines Wollens und Werdens.

Am Ende des ersten Halbjahres unserer Zusammenarbeit war bereits einiges klarer geworden, insbesondere waren Peterka die eigenen Werte bewusster geworden, die sich in einer bestimmten Haltung zum (Arbeits-)Leben ausdrücken: Lebensfreude gewinnen, Vertrauen fassen, die Mühe loslassen und dem Gelingen zusehen. Diese Haltung gilt es im Alltag immer neu zu erringen! Und er machte sich mit Eifer daran, das zu üben.

Mittlerweile, wiederum zwei Jahre später, hat Peterka seine Agentur nicht nur erfolgreich weiter ausgebaut, sondern auch international aufgestellt. Er sagt von sich:

■ Heute habe ich tiefere, innere Stabilität gefunden, weiß mich den Vorgängen in meinem Leben deutlich gelassener zu widmen und kann so dem allgegenwärtigen Wandel um mich herum und in meiner Person auf gesündere Art und Weise begegnen. Das Coaching hat maßgeblich dazu beigetragen, dass ich heute bin, wie ich bin.

CHRISTOPHER PETERKA ■

Welcher Art der Weg eines Coachees sein wird, das liegt in ihm und seiner Situation verborgen. DreamGuidance führt niemanden zu einer fixen Idee, gar einer Idee von mir als Coach. Ich habe anfangs vielleicht so eine Ahnung, aber ich lasse den Prozess völlig offen, denn ich weiß: Erfolg kann nachhaltig nur gelingen, wenn wir uns selbst, unserem Wesen folgen.

Die heute sehr erfolgreiche Krimiautorin Gisa Klönne kannte ihr Ziel bereits sehr genau, als sie zu mir in die Praxis kam. Nicht als Klientin, sondern als Journalistin, die von einer Redaktion beauftragt worden war, DreamGuidance in zwei Probesitzungen bei mir zu testen und darüber zu berichten. Mit welcher Deutlichkeit sie dann allerdings tatsächlich zu ihrem Ziel geradezu gedrängt wurde, das dürfte auch sie überrascht haben. Aus ihrer heutigen Sicht beschreibt sie die Wirkung unserer beiden Coaching-Termine damals so:

■ Ich wusste schon im Alter von drei Jahren, dass ich Schriftstellerin werden wollte, weil mich Bücher und Geschichten so faszinierten. Ich habe dieses Ziel tatsächlich nie aus den Augen verloren. Und dennoch vergingen annähernd vier Jahrzehnte meines Lebens, ohne dass ich es verwirklichte. Es gab schließlich viele Argumente dagegen: Ein Buch schreibt sich ja nicht einfach so. Wer kann schon vom Schreiben leben? Was tun, wenn ich scheitere? Und so weiter, und so fort. Also studierte ich nach der Schulzeit Literaturwissenschaften, eine journalistische Ausbildung folgte, Anstellungen als Redakteurin. Als ich Birgitt Morrien begegnete, war ich meinem ursprünglichen Ziel schon recht nahegekommen. Ich hatte meinen Redaktionsjob gekündigt, um als freiberufliche Journalistin mehr Raum für das literarische Schreiben zu gewinnen. Ich steckte mitten im Schreibprozess meines ersten Kriminalromans *Der Wald ist Schweigen*.

Das war schwer, natürlich. Ein zeitlicher und kräftemäßiger Spagat zwischen Brotjob und Leidenschaft, begleitet von Zweifeln und Existenzängsten – schließlich war der Ausgang völlig ungewiss. Mitten in dieser anstrengenden Phase kam dann der Auftrag, über DreamGuidance zu berichten, und ich entschied, die beiden Sitzungen für meine Zwecke zu nutzen und das Romanschreiben ins Zentrum zu stellen. Schaden, so dachte ich, konnte es schließlich nicht.

Ich war reif – so würde ich das aus heutiger Sicht ausdrücken. Möglich also, dass damals auch eine andere Coaching-Methode Vergleichbares in mir bewirkt hätte wie das DreamGuidance. Und sicher wäre ich meinen Weg auch allein weitergegangen und hätte meinen Roman beendet und verkauft. Aber nun saß ich eben Birgitt Morrien gegenüber, und mit ihrer Methode, mich in Zehnjahressprüngen durch mein Leben zu führen, verwandelte ich meinen Traum in konkrete, ja regelrecht lebendige Bilder: Ich sah die letzte Seite des Manuskripts aus meinem Drucker kommen, meinen Roman in den Buchläden, auf den Bestsellerlisten, ich sah Fans, die für meine Lesungen Schlange stehen, ich sah mich meine Bücher signieren ... Doch auch mein Leben zuvor erschien in neuem, versöhnlicherem Licht: Nicht mehr als verlorene Zeit, sondern einfach als Erfahrung und notwendiger Teil meines ganz eigenen Weges zu meinem Ziel. Außerdem forschte Birgitt Morrien mit mir noch ein bisschen in meiner Familiengeschichte. Zu meiner Überraschung entdeckte ich ein paar Ahnen mit durchaus künstlerischen Ambitionen, was mir so zuvor niemals bewusst gewesen war.

Das war soweit alles sehr schön und bestärkend. Bestärkung allein wäre aber womöglich schnell wieder verpufft. Doch die DreamGuidance-Bilder wirkten auf sehr tief greifende Weise in mir nach. Ein paar Tage nach der ersten Coaching-Sitzung brach ich deshalb regelrecht zusammen. Es hatte mir wehgetan, so lange an meinem Ziel gezweifelt und nicht geschrieben zu haben – das fühlte ich auf einmal so deutlich wie niemals zuvor. Ich würde es schlicht nicht aushalten, wenn die Bilder meines Schriftstellerinnen-Lebens, die ich schon so greifbar vor mir gesehen hatte, wieder verblassten.

Es war wirklich sehr schmerzhaft – doch zugleich war es heilend. Und die Erinnerung an diesen Schmerz erwies sich als Kraftquelle. Denn egal, wie viele rationale Argumente es auch immer geben mochte, meinen Roman nicht zu vollenden, sie verfingen nicht mehr, weil ich ja wusste: Ihn nicht zu schreiben, täte mir auf jeden Fall mehr weh.

Ich habe meinen ersten Roman danach in relativ kurzer Zeit vollendet. Er erschien ein Jahr später bei einem renommierten Verlag und wurde tatsächlich ein großer Erfolg. Seit meinem zweiten Roman *Unter dem Eis* kann ich vom Verkauf meiner Bücher leben. Inzwischen schreibe ich meinen sechsten Roman.

Das literarische Schreiben und Erfinden von Figuren und fiktiven Welten ist ein vielschichtiger Prozess. Manches kann man rein handwerklich lernen. Vieles durch Erfahrung. Aber es gibt immer wieder Momente beim Schreiben, in denen ich allein auf meine Intuition vertrauen und den Mut aufbringen muss, tief in mir verborgene Stimmen und Ideen zu erhören und ihnen in meinen Romanen und Kurzgeschichten einen Raum zu geben. Rückblickend finde ich, dass dieses Nach-innen-Horchen dem Dream-Guidance gar nicht so unähnlich ist.

GISA KLÖNNE[18] ■

Erfolg hat viele Gesichter

Brigitte Breternitz erhielt neue kraftvolle Inspirationen für ihre künstlerische Arbeit und berichtet von »überwältigender« Resonanz. Franziska Muri erkannte, dass es momentan gar nicht darum geht, die Karriere auszubauen, sondern wieder mehr Freude und Leichtigkeit in den (Arbeits-)Alltag zu bringen und das Leben genießen zu lernen. Sina Vogt – Coach, Moderatorin und Organisationsberaterin – lernte, die Zukunft als »breites Feld der Möglichkeiten meiner Weiterentwicklung, die ich mit Ruhe anschaue und auswähle«, anzusehen. Die Ergebnisse, die die Coachees beschreiben, sind so vielseitig, wie diese Menschen es sind. Für jeden ist Erfolg etwas anderes – das Coaching aber konnte ihnen genau das bewusst machen: Was will ich im Leben, in dieser Lebensphase? Worauf kommt es mir wirklich an?

Lassen Sie mich noch zwei Ausschnitte aus den Coachee-Berichten anfügen:

■ ... dass es so viele überraschende und vor allem wirksame Einsichten gab, damit hatte ich nicht gerechnet. Es war ein wenig so, als würde ich einen Schatz heben: Irgendwann hatte ich mal eine Schatzkarte gehabt, worauf alles genau verzeichnet war. Ich hatte sie sorgfältig in einer Schublade versteckt, ganz unten. Darüber hatte ich ganz viel unwichtiges Zeug gelegt, um die Spur zu verwischen, sodass die Schublade inzwischen so voll war, dass sie sich kaum noch öffnen ließ.

Und nun, bei jedem Coaching-Termin, kamen wir dem Schatz immer näher: Bedürfnisse und Fähigkeiten kamen ans Licht, die ich im jahrelangen, vernünftigen Alltagsleben verdrängt hatte.

CORINA RÜTTEN ■

■ Es ist nicht etwa so, dass sich mein Leben durch das Coaching komplett verändert hätte. Es ist noch nicht einmal so, dass ich plötzlich nur noch die Aufträge bekomme, von denen ich immer geträumt habe. Kein fauler Zauber, kein entspanntes Zurücklehnen und nur noch Abwarten, bis sich alles von allein regelt, Geld, Ruhm und Zufriedenheit aus dem Nichts auftauchen. So ist es auch gar nicht gedacht. Seine unbewusste Intelligenz nutzen heißt schließlich nicht, untätig zu werden und sich einer höheren Macht anzuvertrauen. Jedenfalls nicht in dem Sinne, dass sie alles für einen erledigt. Aber: Die Marschroute ist klar. Das macht es viel leichter, gezielt Angebote anzunehmen oder eben abzulehnen ... Für einen schlecht dotierten Auftrag, den ich zurückgewiesen habe, kamen drei sehr viel besser bezahlte.

IRIS HAMMELMANN ■

Beruflich und privat – oder warum das Leben auch im Coaching ein Ganzes ist

Ganzheitlichkeit heißt auch: Ganz gleich, wo man ansetzt, es ändert sich das System und damit das gesamte Leben. Und wo immer es auch klemmt, wenn es klemmt, dann bremst das das ganze Leben.

Natürlich wundern sich anfangs einige, warum auch das Persönliche in die Beratung gehört. Sie wollen von ihren beruflichen Schritten erzählen und erwarten sich kluge Antworten und Wegweiser, die es ihnen wie Schuppen von den Augen fallen lässt. Und dann frage ich sie – wie ich es meist in einer der ersten Stunden mache – nach ihrem Stammbaum und den Berufen oder Tätigkeiten ihrer Vorfahren.

■ Anfangs war ich skeptisch. Ich dachte, ich brauche diesen Firlefanz mit dem Unterbewusstsein nicht. Aber jetzt macht alles einen sehr klaren und zielgerichteten Eindruck. Vor der Traumreise haben wir meine mir bisher bekannte Vergangenheit behandelt. Wir sind meine Verwandtschaft durchgegangen, beruflich wie privat, haben nach Tugenden gesucht, die ich mitbekommen habe. Morrien hat viel gefragt. Ich habe von den Tennistournieren auf dem heimischen Garagenhof erzählt und von den Kriegserfahrungen meiner Großeltern ... Nach der Preview/Review-Reise, nachdem ich mich klar und deutlich als alten Mann gesehen habe und als Jungen, schauen wir, was die verbindenden Elemente sind, was ich gespürt habe. Der Fokus liegt dabei auf den nächsten Jahren. Bei mir geht es um Entschleunigung, um Auszeit von der Hatz. Banal? Vielleicht, aber so klar habe ich das bislang noch nicht gesehen.

CHRISTIAN STEIGELS ■

Auch der schon mehrfach zitierte Christian Schneider hält »Arbeitspersönlichkeit« und »Privatperson« für untrennbar. Er bringt den Zusammenhang gekonnt auf den Punkt: »Erstaunlicherweise ist dieses Wissen in den Chefetagen der deutschen Wirtschaft immer noch eine Art Schmuggelware. Auch hier hat jeder seine Träume – aber das Gros der Spitzenkräfte hält sie für etwas, das vom beruflichen Alltag möglichst getrennt gehört. Irrtum! Es gibt sie nicht, die von manchen Pseudopsychologen verkündete ›Arbeitspersönlichkeit‹, die sich klinisch rein von der ›Privatperson‹ scheiden ließe. Und wäre es so, wir könnten einpacken. Die Vorstellung, dass die Schlüsselpositionen in Wirtschaft und Gesellschaft von solchen ›Arbeitspersönlichkeiten‹, gewissermaßen emotionalen *Aliens*, gehalten würden, wäre nicht nur unerträglich, sondern als Realität zutiefst kontraproduktiv. Denn die Quellen dessen, was im gängigen Jargon Kreativität, Motivation und Fähigkeit, andere zu motivieren, Innovationstalent und Improvisationskraft heißt, liegen eben nicht im Homunculus ›Arbeitspersönlichkeit‹, sondern in unserer lange vor dem Eintritt in die Arbeitswelt erworbenen emotionalen Plastizität. Alles, was eine fähige Führungskraft auszeichnet, hat letztlich seinen Grund im sogenannten Privatleben: in dem, was wir wünschen und wollen, wie dem, was uns ängstigt und anspornt. Und – vor allem – darin, wie wir gelernt haben, mit diesen inneren Antrieben umzugehen.«[19]

Wenn es im Gesamtgefüge eines Lebens irgendwo knirscht, morsch zu werden droht oder wackelt, ist das Ganze nicht stabil und tragfähig. Wenn wir uns unserer Herkunft im positiven Sinne, unserer Stärken, unserer bisherigen Leistungen in ihrer Besonderheit nicht bewusst sind – woher sollen wir die Kraft für die nächsten Schritte nehmen? Aus der Angst vor dem Abstieg? Aus der Befürchtung, niemand mehr zu sein, wenn wir nicht mehr bestens funktionieren?

Was allein die Freude am Leben und damit auch die Freude am aktiven, kreativen, sinnvollen Tun für eine entscheidende Bedeutung für alles Weitere hat, möchte ich am Beispiel einer Klientin erzählen, die sich mir vor einigen Jahren mit folgenden Worten vorstellte:

▓ Ich bin ein Frosch in einem Glas. Er sieht, was außerhalb des Glases um ihn herum passiert, er möchte an dieser Welt außerhalb teilnehmen, er springt und prallt gegen die Wand des Glases, fällt zurück, er erholt sich etwas und springt wieder. Und wieder. Und wieder ... Irgendwann sitzt er frustriert und traurig inmitten des Glases und bewegt sich nicht mehr.

SYLVIA GRESSLER ▓

Frau Greßler hatte Slawistik und Germanistik in Köln und Moskau studiert und lange Jahre in Russland und Kasachstan, insbesondere in Alma-Ata, dem heutigen Almaty, gelebt und gearbeitet. Sie war viel herumgekommen, hatte sich auf teilweise abenteuerliche Situationen und prekäre Verhältnisse einstellen müssen, doch »zum Ausgleich bot jeder Arbeitstag meiner Entdeckerfreude Neues und Fremdes«. Nachdem sie ihre Zelte in der Ferne hatte abbrechen und nach Deutschland zurückkehren müssen, kam ihr alles grau, trist und sinnlos vor. Sie nahm verschiedene Jobs an, doch nichts machte ihr mehr Freude. Die Neuorientierung nach diesem großen Einschnitt wollte nicht gelingen.

Sie entschloss sich zögerlich zu einem Coaching, in dem sie sich Schritt für Schritt aus ihrer Unlust und Lethargie herausarbeiten konnte. Ein berührender Aspekt war das, was in der Folge einer imaginierten Begegnung mit einer Ahnin geschah (Sie finden die entsprechende Übung ab Seite 112). Ich frage dann immer nach Details, unter anderem zur Kleidung des Vorfahren, der dem Coachee »erscheint«. Bei Frau Greßler war es eine Ahnin, die ein glückliches und erfolgreiches Leben geführt hatte und ihrer Nachfahrin nun – mit einiger Mühe – positive Hinweise mit auf den Weg gab. Sie trug ein »bodenlanges Kleid aus blauem Stoff mit beigefarbenen kleinen Äpfeln«. Ich beauftragte die Klientin, daheim nach der Bedeutung der Äpfel zu forschen – und zu ihrem und meinem freudigen Erstaunen fand sie unter anderem heraus, dass Alma-Ata, die Stadt ihres beruflichen Erfolges und ihrer bisher größten Herausforderung, zu Deutsch »Stadt der Äpfel« heißt. Nicht nur dadurch ließ das Coaching ihre Zeit im Ausland wieder aufleben. Ihre Abenteuerlust, ihr Sinn für Neues, ihre Entdeckerlust wurden wieder wach. Ihr Unterbewusstsein schien kräftig mitzuarbeiten, denn sie fühlte sich eines Tages veranlasst, ihre alten Zeitungsartikel aus Kasachstan hervorzukramen und abzutippen, um sie für die Zukunft zu erhalten. Ich bat sie außerdem, etwas für meinen Coaching-Blogger zu schreiben. Worauf sie später sagte: »Ich spürte mit jedem Buchstaben, wie sich tief in mir etwas Verschüttetes, längst vergessen Geglaubtes bewegte.« Es war der Beginn ihres langen Weges zurück ins aktive, freudig erfüllte Leben.

■ Dann hörte ich im Radio eine Sendung zum Thema »Jugendliche mit Migrationshintergrund«, und ich spürte auf einmal, wie sehr mich die dort geschilderte Arbeit interessierte. Ein paar Tage später schickte mir eine Freundin die Annonce eines Reiseveranstalters, in der ein Reiseleiter für Zentralasien gesucht wurde. Und auch ein Aufruf in der Zeitung, man suche Interessierte für die Unterstützung bei der Arbeit rund um ein Jugendzentrum, sprach mich an. Es stellte sich heraus, dass die jungen Menschen dort größtenteils russischsprachig waren.

Ich war auf einmal für Möglichkeiten offen, die ich vorher nicht als solche erkannt hatte oder von vornherein mit »Funktioniert sowieso nicht«, »Habe ich doch keine Chance« und vor allem »Ist nicht lukrativ« abgetan hatte. Also schrieb ich hierhin, rief dort an, stellte mich wieder an anderer Stelle als Ehrenamtliche zur Verfügung. Zu meiner freudigen Verwunderung reagierte die Umwelt höchst positiv und interessiert und sogar mit einem

Honorarvertrag, den ich auch gleich unterzeichnete: Sprachför-
derung für eine Theatergruppe mit russlandstämmigen Schau-
spielern in Bergisch Gladbach.

SYLVIA GRESSLER ■

Diesen positiven Anstößen folgten weitere. Und auch wenn es
weiterhin dunkle Tage gab, war diese Frau wieder unterwegs – in
ihrem Leben und zu ihrer Kraft. Ihr Coaching-Prozess konnte nur
mit dem gehen, was da war, konnte sich nur um Persönliches und
Privates kümmern, um Stärken und in schwierigen, aber lebendi-
gen Zeiten erworbene Fähigkeiten. Dies alles bildet die Basis dessen, was sich Sylvia Greßler nun beruflich neu aufbauen mag.

Familiäre Last – familiäre Kraft

Die meisten Menschen tragen nicht einfach die Themen ihres eigenen Lebens mit sich herum, sondern meist auch die ihrer Ahnen und ihrer Kultur. Wir sind individuell, aber zugleich auch immer kollektiv geprägte Wesen. Dies im Detail zu erkennen und in
eine positive Kraft zu verwandeln, auch das kann zu einem beruflich orientierten Coaching gehören. Denn solange diese Dynamik
nicht bewusst gemacht und wo nötig gewandelt ist, wird es nicht
möglich sein, die volle individuelle Kraft zu entfalten.

■ Ich bewundere meine Eltern und Großeltern. Alle Frauen waren doppelt belastet mit Arbeit und Familie. Und das ohne all den
Luxus, den wir heute haben. Trotzdem waren sie glücklich. Ich
begreife, dass ich auch glücklich sein muss. Schon allein, weil ich
in der heutigen Zeit lebe, in der das Leben so viel einfacher geworden ist ... Seit zweieinhalb Jahren bin ich in Deutschland ...
Mein Großvater war drei Jahre Zwangsarbeiter in Deutschland.

Seine Verwandten emigrierten in die USA. Auch ich gehöre zur Auswanderergeneration. Das wusste ich natürlich schon früher, aber zog daraus den falschen Schluss, nämlich dass ich die Fehler meiner Vorfahren wiederhole. Jetzt begreife ich, dass dies die falsche Schlussfolgerung ist. Schließlich führe ich ein Leben, das mich glücklich macht ...

Mein Großvater Michail, das wird mir während dieser Situationsanalyse sehr klar, ist der Mensch in meiner Familie, der mir geistig ganz nah ist. Dabei habe ich ihn überhaupt nicht gekannt, denn er ist sehr früh – mit 56 Jahren – gestorben. ... In einem Rollenspiel schlüpfe ich in seine Person, und Birgitt Morrien stellt mir – also ihm – Fragen. Die Antworten kommen nicht aus meinem Kopf. Ich bin jetzt mein Großvater Michail. Es ist, als ob er selbst spricht. Er sagt mir, dass er stolz auf mich ist, dass ich glücklich sein und tun darf, was mich glücklich macht. Er empfiehlt mir auch, mich nicht selbst aufzuopfern. ... Nach diesem Rollenspiel sehe ich mich in einem ganz anderen Licht. Wenn mein Opa stolz auf mich ist, dann kann ich auch selbst stolz auf mich sein. ... Daraus bekomme ich Kraft und weiß, dass ich auf dem richtigen Weg bin. Er hat nichts dagegen, dass ich in Deutschland lebe. Ich muss auch nicht die Last meiner Vorfahren tragen, sondern darf glücklich sein. Diese Worte will ich zu meinem Lebensmotto machen.

MARYNA SEMASHKEVICH ■

Solche Zusammenhänge aufzudecken und alte, nie geprüfte innere Missverständnisse aufzulösen, wie es Maryna Semashkevich gelungen ist, das macht die eigentlichen Erfolge von Dream-Guidance aus. Frau Semashkevich hat unter dem Einfluss des Coachings ihr Studienfach noch einmal gewechselt, die Ausbildung mittlerweile erfolgreich abgeschlossen und bereits erste berufliche Erfahrungen gesammelt.

■ Vor dem Coaching hatte ich nicht so viel Glauben an mich selbst, während des Coachings konnte ich meine verborgene Stärke finden ... Nach dem Coaching hatte ich verstanden, dass die Arbeit nicht nur Geld, sondern auch Freude bringen soll. In der Vision hatte ich gesehen, dass ich meinen Platz finden werde, die Arbeit, die mir zusteht und mir Freude bringt. Bis dahin sammle ich Erfahrungen in verschiedenen Bereichen und bin mir sicher, dass ich es alles später brauchen werde.

MARYNA SEMASHKEVICH ■

Wenn bei ihr damals nicht der »Groschen« entsprechend gefallen wäre, hätte sie ihren Weg, auch den zurück in ihre Heimat, nicht so klar und selbstbewusst gehen können. Heute ist sie eine Verbinderin beider kulturellen Räume, und ihr Großvater Michail wäre sicher noch einmal mehr stolz auf sie.

Die berühmte Work-Life-Balance

Auch in das Maß dessen, was wir uns an Arbeit aufladen, spielen selbstverständlich familiäre Muster hinein. Sind wir als Kinder bereits dazu angehalten worden, fleißig zu sein? Haben wir einen Vater erlebt, der kaum für uns Zeit hatte, weil ihn unentwegt »die Pflicht rief«? Eine Mutter, die sich aufopferte und ihre eigenen Sehnsüchte schon nicht einmal mehr spürte? Vielen aus den Generationen, die heute »mitten im Leben stehen«, geht es so. Für sie ist es oft entscheidend, ihre persönlichen Muster zu entlarven und im zweiten Schritt zu erkennen, welches ihre individuelle Umgangsform mit Leben und Arbeit sein könnte. Diese Dinge lernen wir in keiner Schule und an keiner Universität. Das Leben aber weist uns unnachgiebig darauf hin, wenn wir nicht mehr in der Balance sind.

Noch einmal Christian Schneider: »Die häufig missbrauchte Rede von der *work-life-balance* ist nicht nur eine Umschreibung der Tatsache, dass zufriedene Menschen auch leistungsfähiger sind, sondern beinhaltet eben jene zentrale Erkenntnis: Es sind die Lebensträume und die in ihnen aktiven Wünsche, die auch unsere Karriere entscheidend modellieren. Voraussetzung dafür, dies produktiv zu wenden, ist die Fähigkeit, sie wahrzunehmen und das ihnen innewohnende Entwicklungspotenzial zu nutzen. Träume drängen: Sie haben eine immense Antriebskraft. Genau das versucht das Konzept der DreamGuidance systematisch zu erschließen.«[20]

■ Neben der Empfindung, beruflich nicht ausgefüllt zu sein, erlebte ich auch eine ungeheure Doppelbelastung, denn als geschiedene, berufstätige Frau und Mutter zweier pubertierender Söhne sind meine Tage bis zum Rand gefüllt mit Anforderungen, Verpflichtungen und Auseinandersetzungen. So befand ich mich, als ich den Entschluss fasste, ein Coaching zu machen, in einem eigenartigen Spannungsfeld, in dem ich mich wechselweise über- und unterfordert fühlte ...

Seit dem Coaching verspüre ich wieder deutlich mehr Energie und Begeisterung bei der Bewältigung meiner Aufgaben am Arbeitsplatz – aber auch in der Familie. Selbst wenn es stressig wird, empfinde ich Zufriedenheit und erlebe wieder, dass ich erfolgreich bewältigte Arbeitsaufgaben genießen kann. Dass sich das auch auf meine Mutterrolle auswirkt, ist natürlich sehr gut.

BEATE KUBNY-LÜKE ■

Esoterisch? Spirituell? Wirtschaftlich? – Oder warum es einfach eines ist: ganzheitlich

»So esoterisch die Methode anmutet, so präzise und pragmatisch sind die Ziele, die Morrien damit verfolgt«, heißt es im Feedback von Ismene Poulakos. Ich glaube, dass es mir – auch einfach durch meine Wesensart – gelingt, gewissermaßen zwei Welten zu verbinden. So bin ich einerseits – die von mir über viele Jahre entwickelte Coaching-Methode belegt es – sehr offen für Intuitives, Spirituelles, nicht ganz so »Festes«. Und nicht nur das, ich gehe davon aus, dass nur die Berücksichtigung dieser Seite das Leben und damit auch das Berufliche komplett macht. Zugleich aber darf ich mich andererseits als äußerst bodenständig, pragmatisch und analytisch betrachten.

Es heißt, dass jede Methode nur so gut ist wie die, die sie anwenden. Natürlich habe ich mir das DreamGuidance auch auf den eigenen Leib geschneidert. Es freut mich sehr, wenn ich spüre, dass die Menschen, die Unterstützung in einer beruflichen Umbruchsituation suchen und dafür gern auch unkonventionelle Wege gehen, schnell Vertrauen zu mir und meinem Vorgehen fassen. Vielleicht ist es sogar angebracht, mich spontan hier an dieser, dafür (gern hingenommen) etwas ungewöhnlichen Stelle im Buch von Herzen dafür zu bedanken: beim Leben – und bei Ihnen und euch, die DreamGuidance über die Jahre auch mit zu dem gemacht haben, was es heute ist. Danke!

VIER PHASEN –
oder wie Sie einen tiefen Wandel kreieren

Vier Phasen machen das Grundschema der Beratung nach Dream-Guidance aus: Zuerst wird in der Positionsanalyse untersucht, wo die Coachees aktuell stehen, mit welcher Fragestellung oder welchem Anliegen sie mich aufgesucht haben, welchen Hintergrund und welche Stärken und Fähigkeiten sie auszeichnen. Auf dieser Basis gehen wir auf Visionssuche, von deren Ergebnis sich klare Ziele ableiten. Deren Erreichen wird im dritten Schritt, der Festlegung der Strategie, durch die Unterteilung in Etappenziele und Übertragung auf Handlungspläne ins Auge gefasst. Der Transfer ins Leben ist der abschließende und ebenso entscheidende vierte Teil des Ganzen. Die folgende Abbildung macht Ihnen diese Vorgehensweise visuell deutlich.

GELINGENDER WANDEL

I Position:
Analysieren, warum ich
jetzt hier stehe.

II Vision:
Herausfinden,
wohin ich will.

III Strategie:
Entwickeln, wie ich
da hinkomme.

IV Transfer:
Sicherstellen, dass ich
das umsetze.

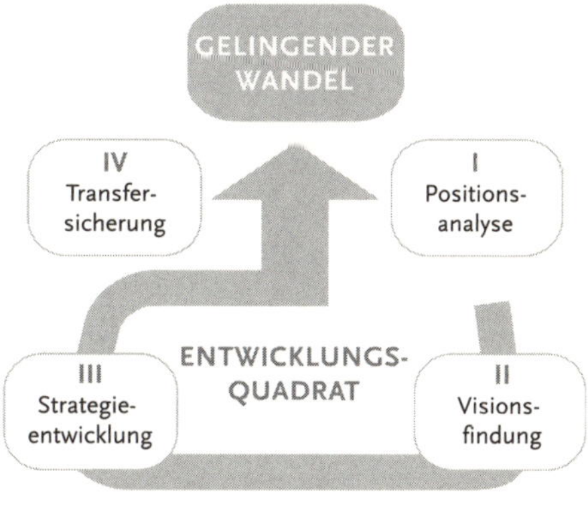

GELINGENDER WANDEL

IV Transfersicherung

I Positionsanalyse

ENTWICKLUNGSQUADRAT

III Strategieentwicklung

II Visionsfindung

Die einzelnen Phasen werden nun in diesem dritten Teil ausführlicher besprochen und wiederum mit Zitaten aus Klientenfeedbacks unterlegt. Vor allem aber erhalten Sie hier jede Menge praktische Anregungen.

Selbstcoaching – oder wie Sie für sich allein ein gutes Stück vorankommen

Mit diesem Buch möchte ich nicht nur von meiner Arbeit erzählen und einige der Klientinnen und Klienten von ihren Erfahrungen und Erfolgen berichten lassen, sondern Sie auch anregen, selbst für sich und Ihren weiteren Weg aktiv zu werden. Ganz im von Stefan Müller formulierten Sinne:

▨ Mein entspannter Appell an Suchende: Berührungsangst, Zweifel und Skepsis sind durchaus angebracht, wenn es um wirklich einschneidende Veränderungen im Leben geht, um berufliche Optimierung oder sogar Neuorientierung – oder »nur« um eine freudvollere Freizeit. Das gilt auch und gerade für Frau Morriens ungewöhnlichen Coaching-Ansatz. Doch es lohnt sich, die Neugier siegen zu lassen. Und sich verrücken zu lassen, für eine neue Perspektive. Oder – in meinem Fall – für ein paar bereichernde Flugstunden in eine stimmige Zukunft, die mir Kraft für eine neue Gegenwart gaben.

STEFAN MÜLLER ▨

Ich verschweige nicht, dass ein Coaching mit einem geschulten Außenstehenden, der Sie begleitet, führt, unterstützt und anstößt, ermuntert und auch mal ärgert, viel intensiver und tiefer gehend ist als das Selbstcoaching, bei dem man mit sich allein die entscheidenden Fragen durchgeht. Wenn Sie sich in einer größeren Krise befinden, rate ich Ihnen daher auch, nach professioneller Begleitung Ausschau zu halten. Wenn Sie knapp bei Kasse sind, was man in Krisenzeiten gern mal ist: Es gibt viele Fördertöpfe und sicherlich auch für Sie den geeigneten. Eine Beraterin, ein Berater, die Sie sich wählen, wird Sie da sicher informieren.[21]

Allerdings können Sie allein für sich auch einiges tun. Unterschätzen Sie nicht, wie viel Kraft und Klarheit entstehen können, wenn Sie sich konzentriert und mit ein paar guten Handwerkszeugen versehen um die aktuellen Fragen des Lebens kümmern. Den Werkzeugkasten dafür möchte Ihnen dieser Teil des Buches bieten.

Wie es der vermeintliche Zufall so wollte, erreichte mich mitten in den Abschlussarbeiten zu diesem Buch die Mail einer Frau, die im Selbstcoaching mithilfe des früheren Praxisbuches von mir und Iris Hammelmann große Schritte auf ihrem Weg weitergehen konnte. Martina Raedler berichtete:

▨ Ich habe das Coaching allein nach dem Buch gemacht, weil ich keinen geeigneten Partner fand. Außerdem war es sehr dringend, dass ich etwas ändern musste, sodass ich einfach losgelegt habe. Und es war für mich wie eine Erlösung, nach jahrelangem Suchen nach meiner Berufung. Ich war innerlich so blockiert, dass es mir unmöglich war, in mich hineinzuschauen und zu erkennen, was mir Freude macht ... Kurz gesagt, die DreamGuidance-Coaching-Methode hat bei mir tiefe Blockaden gelöst, welche weit über mein berufliches Problem hinausgingen. Und ich bin soooo froh, dass ich diese endlich lösen konnte. Ich danke Ihnen von ganzem Herzen für das Buch.

Ein wichtiger Aspekt, welcher tatsächlich durch das Dreamcoaching hervortrat, ist, dass ich mich und meine Fähigkeiten seither zeigen möchte. Ich, Martina Raedler, habe etwas zu sagen. Die Herausforderung, die im Buch beschriebenen Aufgaben zu erarbeiten und alles niederzuschreiben, hatte eine phänomenale Wirkung.

MARTINA RAEDLER ▨

Meine Freude war sehr groß, das zu lesen, und ich danke Frau Raedler für ihre Bereitschaft, ihre Zeilen für dieses Buch zur Verfügung zu stellen – ganz im für sie neu gewonnenen Sinne des

Sich-Zeigens. Ihr Bericht macht Mut, es tatsächlich auch allein anzugehen und ernsthaft dranzubleiben. Vollständig allein müssen
Sie sich ja ohnehin nicht auf den Weg machen, denn es empfiehlt
sich, eine Vertraute, einen Vertrauten mit einzubeziehen: Ihren
Private Coach.

Der Private Coach
Ein bisschen Unterstützung durch eine andere Person ist in jedem
Fall empfehlenswert. Ich rate daher dazu, eine Vertrauensperson
in das Vorhaben einzuweihen und um aktive Mithilfe zu bitten.
Wie genau diese aussieht, das kann ganz unterschiedlich gehand-
habt werden. Im einfachsten Fall steht Ihnen die oder der andere
für regelmäßige Gespräche zur Verfügung, vielleicht einmal pro
Woche 15 Minuten, in denen es ausschließlich um Ihr Vorankommen im Prozess geht. Oder aber Sie verabreden, dass Ihr Private
Coach einige der Übungen mit Ihnen gemeinsam macht, um so
mit ein paar Impulsen von außen das Ganze noch intensiver anzu-
regen. Es ist von unschätzbarem Wert, wenn da jemand ist, mit
dem Sie über Ihren Wandlungsprozess sprechen können. Das
kann eine Freundin oder ein Freund oder eventuell auch ein/e dafür ausgebildete/r HeilpraktikerIn oder TherapeutIn Ihres Vertrauens sein.[22]

»Und jedem Anfang wohnt
ein Zauber inne ...«

Diese Zeile aus Hermann Hesses Gedicht »Stufen« gilt auch für
das Coaching. Sie werden es spüren, wenn Sie sich vornehmen,
wirklich etwas zur Klärung Ihrer Fragen zu unternehmen. Wenn
Sie planen, sich die Zeit zu nehmen, Ihren Problemen, Mustern

und zugleich auch Stärken auf den Grund zu gehen, um daraus eine Vision und neue Lust auf die Zukunft zu generieren. Allein die Idee zu diesem Vorhaben gibt Kraft und neue Zuversicht. Eine mögliche Lösung kommt in Reichweite. Statt auszuharren und zwischen Angst und Hoffnung hin und her zu schwanken, werden Sie aktiv.

Mit diesem Entschluss beginnt sich bereits einiges in Ihnen zu bewegen. Sie denken vermehrt über Ihre berufliche Situation nach. Ihnen begegnen plötzlich von überall Impulse und Hinweise, die damit in Zusammenhang gebracht werden können, einfach weil Ihre Sinne fokussierter sind. Und auch das Unterbewusstsein arbeitet bereits kräftig mit: Vielleicht träumen Sie etwas zum Thema oder stolpern über Eingebungen, die Ihnen etwas bewusst machen. Nutzen Sie den Zauber dieser Zeit und durchleben Sie sie wach und freudig.

Nehmen Sie sich Zeit

■ Wie jeder weiß, der schon einmal mit Frau Morrien »Tee getrunken« hat, es ist wie kreativer Urlaub. Man malt, hört Musik, liegt entspannt auf der schwarzen Ledercouch, träumt, redet. Alles Dinge, für die wir sonst »keine Zeit« zu haben scheinen.

BRIGITTE BRETERNITZ ■

Es ist mein Anliegen, intensive Arbeitsprozesse so zu gestalten, dass sich die KlientInnen zurücklehnen und entspannen können und auf diese Weise besonders empfänglich für kreative Impulse und originelle Lösungen sind. Es wirkt dann ganz leicht, auch wenn innerlich viel passiert. Sie können das bis zu einem gewissen Grad auch für Ihr Selbstcoaching nutzen, indem Sie sich Zeitfenster schaffen: Ihre Absicht ist auf Ihre Weiterentwicklung gerichtet,

Sie lassen in der gewählten Zeitspanne alles andere und Alltägliche los, Sie entspannen und vertrauen auf den Prozess, wie auch immer er sich gestalten mag.

Sich Zeit nehmen? Sie sind im Stress und haben keine Zeit, das gerade ist ja das Problem? Darauf kann ich nur mit einer alten asiatischen Weisheit antworten: Wenn du es eilig hast, geh langsam. Sicher, dieser Satz kann einen erst mal wütend machen – aber probieren Sie es aus. Werden Sie langsamer und damit auch achtsamer. Sich Zeit zu nehmen, wie ich es Ihnen empfehle, heißt nicht, dass Sie einen Monat Auszeit nehmen müssen oder Ihren nächsten Urlaub für das Coaching verwenden sollten. Das können Sie natürlich tun, aber es geht auch anders. Nehmen Sie sich ein (gern verlängertes) Wochenende lang Zeit für sich allein und legen Sie für drei Wochen später ein weiteres fest. Oder Sie schreiben sich fest in den Kalender, dass ab sofort jeder Donnerstagabend ab 19 Uhr Ihnen und den Fragen Ihres beruflichen Fortkommens gehört. Damit legen Sie fest, dass es Ihnen ernst ist: Sie möchten etwas zum Positiven verändern. Ob aus einer Krise und Unzufriedenheit heraus oder aus dem nagenden Gefühl geboren, dass Sie Ihr Potenzial noch längst nicht komplett ausschöpfen und es dafür nun aber Zeit wird.

■ Mir war klar, dass ich viel Geld und Zeit investieren musste. Geld, das nicht eingeplant war, und Zeit, die organisiert werden musste. Aber ich wollte diese Zeit, um meine Zukunft konstruktiv gestalten zu können. Diese Entschiedenheit klang für mich schon egoistisch, aber zu präsent war das Gefühl, auf der Stelle zu treten.

CORINA RÜTTEN ■

Ich empfehle, sich im Selbstcoaching einen Startpunkt zu setzen. Wählen Sie bewusst einen freien Tag oder Abend und beginnen Sie beinahe rituell. Feiern Sie Ihren Entschluss, etwas für sich zu tun. Gestalten Sie diesen Abend so, dass er Sie freut und auf sich selbst einstimmt – mit einem guten Essen, entspannender Musik, Kerzen. Schreiben Sie dann auf einen großen Bogen Papier all die Punkte auf, um die es Ihnen in Ihrem Selbstcoaching gehen soll. Sie werden erleben, wie viel Ihnen allein dadurch schon bewusst wird: Wo stehe ich? Was ärgert mich? Was lockt mich? Vielleicht wollen Sie dem ganzen Prozess, der nun beginnt, auch ein Motto geben. Wählen Sie spontan einen Satz, der Ihr grundsätzliches Anliegen, die Frage, die Sie umtreibt, auf den Punkt bringt.

Was brauchen Sie für Ihr Selbstcoaching?

▶ Wenn Sie sich Zeiträume geblockt haben, haben Sie bereits das Wichtigste. Für die Arbeit sollten Sie ausreichend große Bögen Papier bereithaben, ein Tagebuch, Stifte in unterschiedlichen Farben und, wenn Sie möchten, Knete oder andere Materialien für den kreativen Ausdruck.

Der Raum, in dem Sie aktiv werden, sollte so sein, dass Sie sich darin wohlfühlen, was auch immer Sie dafür brauchen. Es sollten ein paar Sitzgelegenheiten vorhanden sein, das können auch Kissen am Boden sein, wenn Sie das mögen. Machen Sie es sich gemütlich, aber gestalten Sie die Atmosphäre so, dass Sie nicht einfach nur wegnicken, sondern entspannt fokussiert sein können. ◀

Bevor wir nun in die erste Phase des Coachings einsteigen, noch ein paar Zeilen zur Macht der Worte, die in einem Prozess der Selbstfindung und Weichen-Neuausrichtung weitreichende Bedeutung haben: als unmittelbar klärendes Werkzeug.

Die Macht der Sprache – oder wie Worte Ihnen auf die Sprünge helfen

Sie kennen das vielleicht vom Tagebuch oder auch von Zeiten, in denen Sie Gedichte geschrieben haben: Das Notieren dessen, was uns im tiefsten Inneren bewegt, führt zu Klarheit und Erleichterung, auch in beruflichen Fragen. Klarheit stellt sich ein, weil uns im Zuge des Schriftlich-Festhaltens die Dinge bewusst werden, die uns zuvor zerstreut in Einzelgedanken beschäftigt haben. Und die Erleichterung ist die gleiche wie die, die sich einstellt, wenn wir einer guten Freundin oder einem guten Freund unser Herz ausschütten. Sind die Dinge gesagt, sind sie in der Welt, wir müssen sie nicht mehr allein in uns tragen.

Schreiben bringt Bewusstheit

Ich schreibe seit Jahrzehnten meine Träume auf. Diese mittlerweile enorm umfangreiche Sammlung ist für mich ein wahrer Schatz. Der intensive Dialog mit meinem Unbewussten wäre ohne das Aufschreiben nicht möglich. Oder wie viel wissen Sie am Mittag noch von einem Traum, der Ihnen am Morgen beim Aufwachen recht präsent war? Beim Notieren der Träume passiert zweierlei: Während wir schreiben, fallen uns immer mehr nächtliche Details ein, die wir noch nicht parat hatten, als wir den Stift zur Hand nahmen. Wir wollten einen Satz notieren, der präsent war, und schreiben dann eine halbe Seite Traumerinnerung. Zum anderen werden uns die Träume von Tag zu Tag präsenter, wenn wir sie regelmäßig notieren. Als würden wir das Unterbewusstsein überzeugen können, dass es uns ernst damit ist, seine Inhalte kennenzulernen.

In der Arbeit mit DreamGuidance nutzen wir die Worte auf eine spezielle Weise. Natürlich können und sollten Sie alles in Ihr Tagebuch schreiben, was Sie bewegt und Ihnen wichtig ist. Sie sollten Blätter voller Ideen schreiben, Notizen auf Zettelchen kritzeln, wann immer sie Ihnen in den Sinn kommen. Alles, was Ihnen zu mehr Klarheit in Ihren Themen verhilft. Zusätzlich aber stelle ich Ihnen Folgendes vor:

■ »Geben Sie dem Ganzen eine Überschrift«. Mit dieser Aufforderung enden die Stunden bei Frau Morrien oft. Und mit dieser Frage beende ich meinen Text. Welche Überschrift gebe ich ihm? Ganz einfach: Ankommen und weitergehen.

NICOLE MANKEL ■

Worddropping – oder wie Sie ..., indem Sie ..., um zu ...

Anhand der Hauptüberschriften in diesem Buch ist Ihnen vielleicht schon eine Eigenart aufgefallen, die zu einer wesentlichen Technik von DreamGuidance gehört. Einer kurzen, prägnanten Aussage folgt ein »oder wie ich …«, »oder warum ich …«, »oder wodurch ich …«, »indem ich …«, »zu erkennen daran, dass ich …«. Zu genau solchen Aussagen rege ich die Coachees am Ende jeder Sitzung, aber auch nach einzelnen Techniken an – und ich ernte regelmäßig erstaunte Gesichter, wenn ich auf diese Weise zu fragen beginne – und faszinierte Blicke, wenn diejenigen merken, wie effektiv sie auf diese Weise zu Klarheit und neuen Einsichten kommen. Spiralförmig bewegt sich ein Satz mit jeder neuen Kausalwendung weiter in die Tiefe, zum Kern dessen, worum es im Leben oder in der aktuellen Fragestellung gerade geht. Worddropping führt auf spielerische Weise zur Essenz.

Sinn oder tieferer Gehalt der Aussagen erschließt sich dabei nicht unbedingt gleich – oft bleibt er auch gänzlich verborgen. Doch die Aussagen decken den Kern dessen auf, wer die Person zu diesem Zeitpunkt wirklich ist oder was zu tun ihr wichtig ist. Was transportiert wird, ist ein Lebensgefühl, eine für die KlientInnen wesentliche Stimmung, die das wachrufen kann, was für sie zählt.

■ »Übermut oder wie ich am schönsten einen Berg runterkomme« habe ich das erste innere Bild genannt, das mir während der Tagtraumreise erschien. Es berührt ein Kindheitserlebnis voller Vitalität und Freude: Die Hänge sind grün und saftig, die Festung ragt dunkel über sie hinweg. Es ist ein schöner Sommertag und die Luft liegt warm auf der Haut. Voller Freude rennen wir den Abhang hinauf und legen uns ins Gras, um hinabzurollen. Die Welt dreht sich und es geht schneller und schneller hinab, es macht Spaß, es macht Angst, es macht Spannung ... und am Ende liegen wir atemlos und lachend im Gras, bereit, eine neue Runde zu starten ...

BEATE KUBNY-LÜKE ■

Lassen Sie mich das Prinzip am besten anhand eines (fingierten) Beispiels noch etwas genauer erläutern, damit Sie es selbst anwenden können. Dabei mache ich Sie gleich mit einer Technik vertraut, die ich üblicherweise in Phase eins, bei der Positionsanalyse, nutze: Take the View. Vielseitige Persönlichkeiten stellen sich dabei buchstäblich ins Zentrum ihres Könnens. Umringt vom Besten, das in ihnen steckt, erkennen und benennen sie ihre Kernkompetenz. Diese später überzeugend nach außen zu kommunizieren, ist das Ziel. Sie können diese Übung gleich ausprobieren – oder Sie warten damit, bis Sie einige tiefere Erfahrungen mit der Positionsanalyse gemacht haben und ein stärkeres Bewusstsein für die Vielfalt Ihrer Qualitäten haben. Beides kann interessant sein.

Take the View und Worddropping

▶ Nehmen Sie Karteikarten oder Moderationskarten zur Hand und schreiben Sie alles auf, was Sie an sich schätzen, was Sie für Ihre Kompetenz, Stärke, Gabe, Ihr Vermögen halten. Auf jede Karte eine Eigenschaft.

Suchen Sie sich einen Platz im Raum, an dem Sie gut stehen können, und legen Sie die Blätter um sich herum aus. Wie steht es sich so inmitten all dieser »Gütesiegel«? Spüren Sie dem nach, lassen Sie sich Zeit für Ihre Wahrnehmung.

Nun beginnt das Worddropping: Ordnen Sie Ihrem Grundgefühl zu diesem Potenzial spontan eine Farbe oder einen Begriff zu. Schreiben Sie sie auf und lassen Sie einen ganzen Satz daraus werden. Zum Beispiel: »Schönheit«.

- … oder wie ich, womit ich, wodurch ich …
  Sie ergänzen: … oder wie ich lernte, Mut zu schöpfen.
- … indem Sie …
  Sie schreiben weiter: … indem ich mich in Ruhe umschaute.
- … um so …
  Sie beenden den Satz: … um so in der Freude für die nächsten Schritte aufzutanken.

Der Satz, der Ihnen in diesem Beispiel aus Ihren Fähigkeiten und Qualitäten zufloss, lautet nun: »Schönheit, oder wie ich lernte, Mut zu schöpfen, indem ich mich in Ruhe umschaute, um so in der Freude für die nächsten Schritte aufzutanken.« Machen Sie den Satz, den Sie erhalten, zu Ihrem Motto. ◀

Diese Art, zu für Sie wesentlichen Aussagen zu kommen, können Sie natürlich auch außerhalb dieser speziellen Übung anwenden, und Sie werden ihr in diesem Sinne auch in den folgenden Kapiteln noch ab und an begegnen. Sie könnten sich beispielsweise sogar mitten im Alltag nach einer ärgerlichen Streitsituation fragen:

Welches Wort gebe ich dem Ganzen? Und dann ergänzen Sie es zu einem Satz: »Stinkwut – oder wie ich versuchte, meinen Kopf durchzusetzen, indem ich immer lauter sprach, um zu verhindern, dass ich die gar nicht so schlechten Argumente der Gegenseite hören muss.« Wenn das Ihr Satz wird, werden Sie garantiert lachen müssen. Und der Umgang mit der oder dem anderen dürfte sich entspannen.

Sie müssen auch nicht immer einen langen Satz mir drei Kommas erhalten. Oft reichen zwei Satzteile: »Zeit – oder warum ich mir immer zu wenig Pausen wert war.« Wichtig ist nur, dass Sie nicht denken, wenn Sie nach den Worten fahnden. Wenn Sie mit der Ratio herangehen, bleiben Sie im Rahmen dessen, was Ihnen ohnehin schon bewusst ist. Jagen Sie nicht nach Formulierungen, sondern lassen Sie die Worte zu Ihnen kommen. Schnappen Sie sie gewissermaßen aus dem Nichts auf. Öffnen Sie sich für das, was scheinbar von selbst in Ihren Kopf kommen möchte. Und bewerten Sie es nicht, auch wenn es Ihnen seltsam erscheint.

Oftmals sind diese Bezeichnungen nichts, was einen rein rational denkenden und als Homo oeconomicus – wenn es diesen in Reinform denn gäbe – agierenden Menschen befriedigen könnte. Auch die Coachees, die DreamGuidance und damit dem nicht nur Rationalen sehr offen gegenüberstehen, wundern sich oftmals, was das mit ihrem Berufsleben zu tun haben soll. Aber sie spüren ihre eigene Wesensart und etwas oft lang Verschüttetes so tief in diesen Sätzen, dass sie die Kraft dahinter wahrnehmen, die ihnen fortan auch auf dem beruflichen Weg zur Verfügung steht oder ihnen etwas bewusst macht, das bislang übersehen wurde.

Gerade bei der P/Review, der geführten inneren Reise, dem Kernstück der Methode, wie Sie sie bei der Visionssuche kennenlernen werden, kommt das zum Tragen. Die dafür gewählten Sätze können die Coachees oft ein Leben lang weiter begleiten, persönlich, beruflich, ganzheitlich. Zugleich sind sie die Grundlage für die Ableitung der Kernziele (siehe Seite 145 ff.). Die geführte Reise von Sina Vogt bekam beispielsweise den Titel: »Sich berühren lassen vom Leben – oder wodurch ich ganz wurde«. Bei Franziska Muri hieß es: »Stimmig. Alles kommt zur richtigen Zeit – oder wie ich lernte, die Fülle des Lebens zu genießen.«

I. Positionsanalyse – oder wie Sie herausfinden, wer Sie heute sind

Jede bewusste Veränderung beginnt mit einer Standortbestimmung. Denn nur vom aktuellen Ort aus ist der erste Schritt ins Neue möglich. Klarheit und unbedingt auch Wertschätzung für alles Bisherige entstehen in dieser Phase des Coachings.

▨ Und so hatte ich innerhalb kürzester Zeit einen Fundus aus motivierenden, tragenden und wohltuenden Elementen meines »Bodens« erarbeitet – da konnte die anfänglich so eilige Frage nach dem einen, meinem Ziel erst einmal in den Hintergrund treten, oder anders: Ich konnte mich dieser Frage in einer größeren Offenheit und mit mehr Ruhe widmen.

JULIA C. SUCK ▨

Sich selbst kennenlernen – in der Tiefe, mit allen Träumen und Ängsten, Geschichten und Visionen, allem Wollen, Wünschen und Befürchten – das ist einer der wesentlichsten Aspekte des Coachings. Zumindest so, wie ich es verstehe. Was nützt es Ihnen, wen Sie jemandem von Ihren Schwierigkeiten im Job erzählen – und er Ihnen einen geschliffen wirkenden Plan aus der Schublade derer holt, für die er Sie hält? Wenn der Beratende davon ausgeht, dass alle JournalistInnen nach Schema X, alle ManagerInnen nach Schema Y und alle LehrerInnen nach Schema Z ticken?

Der »Preis« dafür, dass Sie mit Ihrer ganzen Individualität im Coaching Platz finden, ist, dass Sie die Facetten dieser Individualität selbst anzuschauen bereit sein müssen. Da wird Schönes und weniger Schönes zum Vorschein kommen. Sie werden in die Vergangenheit schauen und frühere Krisen durchleuchten, um zu erfassen, was Sie daraus gelernt haben. Sie werden sich Wünsche bewusst machen, die Sie nie umzusetzen gewagt haben. Das kann wehtun. Aber das können Sie aushalten – Sie können die eventuell zeitweise auftauchenden unangenehmen Gefühle durchleben, weil Sie wissen, dass dies einen ganz bestimmten Zweck hat: Sie sind aufgebrochen, um Ihre ureigenen Qualitäten, die in der Vergangenheit schon spürbar wurden, neu zu entdecken und für eine kraftvollere Zukunft nun aktiv zu beleben.

Die Map of Balance

Sehr gut kennenlernen können Sie sich bereits, wenn Sie sich die Bereiche Ihres aktuellen Lebens einmal genauer ansehen. Genau das mache ich auch mit den KlientInnen, die ich bitte, vor dem ersten Termin eine Map of Balance zu erstellen, die fünf Säulen der Identität[23] charakterisiert. Diese Übung empfehle ich auch Ihnen für den Einstieg in Ihr Selbstcoaching. Für mich ist es ein wertvolles diagnostisches Instrument, das mir in einem ersten Schritt zeigt, welche Stärken, Schwächen und insbesondere Entwicklungsthemen die oder der Coachee mitbringt. Für Sie zu Hause kann es ebenfalls sehr erhellend und richtungsweisend sein.

Die Persönlichkeit des Menschen, seine Identität, wird von fünf wichtigen Bereichen bestimmt: dem Körperlichen, den sozialen Beziehungen, der Arbeit und der Leistung, der materiellen Sicherheit sowie den Werten. Zu all diesen Bereichen haben wir ein Grundgefühl für unser aktuelles Sein, uns zeichnen Stärken und Fähigkeiten, Erfahrungen und ebenso Schwächen aus, an denen wir vielleicht arbeiten wollen. Sie müssen uns aber zuerst bewusst werden. Die Map of Balance ist hiezu das ideale Werkzeug, da sie die einzelnen Felder beschreibt, uns zugleich aber einen Gesamtüberblick über die Bereiche unseres Lebens gibt.

Die Map of Balance erstellen

► Nehmen Sie sich für jeden der fünf Bereiche ein Blatt Papier und notieren Sie in zwei Spalten, was Sie diesbezüglich als Stärken ansehen, was Sie darin erreicht haben, was sich positiv zeigt (Spalte 1). In die zweite Spalte schreiben Sie unangenehm oder mangelhaft Erlebtes, Entwicklungsfähiges, Defizitäres.

Es geht darum, sich selbst in den verschiedenen Identitätsbereichen kennenzulernen. Gehen Sie mit Zeit und Ruhe die Bereiche durch und stellen Sie sich folgende Fragen: Wie viel und welchen Halt finde ich in den verschiedenen Bereichen meiner Identität? Wo habe ich Stärken, Sicherheiten, Ressourcen? Wo bestehen Krisenanfälligkeiten? Spezielle Fragen zu den einzelnen Bereichen finden Sie im weiteren Textverlauf.

Erstellen Sie dann anhand der nachfolgenden Grafik eine Übersicht über die fünf Lebensbereiche auf einem Blatt. Notieren Sie zu allen im »Plus«- und im »Minus«-Bereich das Wesentliche, das Ihnen bei der Erarbeitung der Einzelbögen bewusst wurde. ◄

MAP OF BALANCE (MoB)

KÖRPER / LEIBLICHKEIT	SOZIALES NETZWERK	ARBEIT / LEISTUNG	MATERIELLE SICHERHEIT	WERTE
+	+	+	+	+
–	–	–	–	–

MoB – Modellentwicklung für die Coaching-Praxis in Anlehnung an das Identitätskonzept von H. Petzold, I. Orth (*Integrative Therapie*, 4/1994)

Körper/Leiblichkeit

Alles, was mit unserem körperlichen oder leiblichen Befinden zu tun hat, wirkt auf unsere Identität. Dazu zählt zunächst unser gesundheitlicher Zustand, eventuelle Erkrankungen, unser Leistungsvermögen und unser Aussehen. Aber auch, ob wir uns mögen und uns mit uns selbst wohlfühlen oder eher nicht, und weiterhin, wie wir von anderen Menschen in unserer Leiblichkeit wahrgenommen werden:

Erleben sie uns als anziehend oder lehnen sie uns ab, finden sie uns hässlich oder attraktiv, krank oder gesund, schwach oder kraftvoll?

Fragen Sie sich:

Fühle ich mich in meinem Körper zu Hause? Gefalle ich mir selbst in meiner Erscheinung? Wie behandle ich meinen Körper? Pflege ich meine Gesundheit oder stresse ich meinen Körper durch eine Ernährung, die mir schadet? Trinke oder rauche ich zu viel? Spielen Drogen eine Rolle in meinem Leben? Bewege ich mich genug? Fühle ich mich erschöpft oder vital? Leide ich an chronischen körperlichen Beschwerden? Wie erlebe ich mich darin, älter zu werden? Kann ich mich mit den damit einhergehenden Veränderungen annehmen?

Soziales Netzwerk

Darüber hinaus beeinflusst unser soziales Leben maßgeblich unsere Persönlichkeit und unser soziales Netzwerk – jene Menschen, auf die wir alltäglich bezogen sind, mit denen wir leben und arbeiten, auf die wir zählen können. Menschen, die sich zugleich auch auf uns verlassen und für die wir bedeutsam sind. Jedoch finden sich in unserem sozialen Umfeld auch Personen, die uns – warum auch immer – nicht mögen, die uns vielleicht etwas neiden, die uns womöglich schaden wollen.

Fragen Sie sich:

Wie gestalte ich meine sozialen Beziehungen? Pflege ich meine beruflichen Kontakte, meine nachbarschaftlichen Bezüge und Freundschaften? Soweit in Partnerschaft lebend: Bin ich darin glücklich? Soweit es Kinder gibt: Wie ist der Kontakt zu ihnen? Welchen Platz nimmt die Familie in meinem Leben ein? Welchen Raum haben soziale Aufgaben und ehrenamtliches Engagement, sei es in sozialen, kulturellen oder politischen Zusammenhängen? Verfüge ich über ein freundschaftliches Netz, das es mir erlaubt, mich Menschen auch in Notlagen anzuvertrauen? Vertrauen sich Freundinnen und Freunde mir an?

Arbeit/Leistung

An dritter Stelle folgt das Tun und Schaffen als weiterer wichtiger Bereich, der unsere Persönlichkeit, unsere Identität ausmacht. Hier geht es einerseits um Arbeitsleistungen und berufliche Zufriedenheit, um Erfahrungen des Gelingens und um die Freude an Erfolgen. Andererseits stellen sich hier aber auch Fragen nach entfremdeter Arbeit, nach Über- oder auch Unterforderung im beruflichen Alltag. Beide Seiten beeinflussen unsere Identität nachhaltig und wirken damit bis in die freie Zeit hinein. Schließlich bestimmen unser beruflicher Status und unsere Leistung vielfach darüber, ob wir in unserem Umfeld Geringschätzung oder aber Anerkennung erfahren.

Fragen Sie sich:

Bin ich mit meiner Arbeit zufrieden? Entspricht diese meinen eigenen Vorstellungen oder Wünschen? Erfüllt mich meine Arbeit, fühle ich mich davon motiviert? Sehe ich darin einen Sinn? Bin ich darin angemessen gefordert oder vielmehr gestresst und überfordert? Wenn ja, eher qualitativ oder quantitativ? Entspricht diese Arbeit dem, was ich mir einmal als Beruf erträumt habe? Fühle ich mich inspiriert von den aktuellen Aufgaben? Bieten sie mir Raum für meine Entwicklung? Was bedeuten mir Arbeit und

Leistung grundsätzlich? Ist mir ein Leben ohne berufliche Arbeit vorstellbar? Wie gestalte ich mein geistiges Leben? Gibt es genügend Anregungen, die mich nähren? Wie sicher bin ich mir meiner intellektuellen Fähigkeiten?

Materielle Sicherheit

Fragen nach den materiellen Sicherheiten betreffen vor allem unsere finanzielle Grundsicherung, etwa durch Einkommen, Erbschaft oder Teilhabe an sonstigem Vermögen: Besitzen wir eine Wohnung oder ein Haus? In welchem geografischen und ökologischen Raum leben wir? Gehören wir dort dazu oder erleben wir uns als Fremde? Grundsätzlich gilt, dass fehlende materielle Sicherheiten sehr belastend auf unser Identitätserleben wirken.

Fragen Sie sich:

Wie viel Sicherheit habe ich in materieller Hinsicht? Und wie sicher *fühle* ich mich in dieser Hinsicht? Möglicherweise bin ich zwar abgesichert, empfinde es aber nicht so. Entsprechend stellt sich die Frage danach, was ich brauche, um mich materiell sicher zu fühlen.

Welche grundlegenden Ansprüche und Erwartungen habe ich mit Blick auf materielle Sicherheit? Habe ich finanzielle Sorgen? Gibt es dafür berechtigte Gründe? Wie wichtig ist mir das Finanzielle? Nehme ich es nicht wichtig genug oder aber womöglich zu wichtig? Wie abhängig oder unabhängig bin ich von finanziellen Werten? Habe ich Erfahrung damit gemacht, mit weniger Geld auszukommen beziehungsweise kann ich mir dies für die Zukunft vorstellen, falls ein finanzieller Engpass entstehen sollte?

Werte

An fünfter Stelle tragen die Werte unsere Persönlichkeit und Identität. Steht diese letzte Säule stabil, ist vieles zu ertragen: Viktor E.

Frankl, der Begründer der Logotherapie, berichtet, er habe Getto und KZ wohl deshalb überlebt, weil er eine klare Vorstellung davon hatte, was er tun *müsse*, sollte er die Schoah überleben: nämlich darüber berichten, welche Auswirkungen das Lager auf die Psyche der Insassen hatte. Damit hatte sein Leben für ihn auch unter widrigsten Umständen einen Sinn, der ihm lebensrettende Kraft verlieh.[24]

Werte geben uns Orientierung: Wissen wir, was für uns richtig oder falsch ist, wovon wir überzeugt sind, wofür wir einstehen und wovon wir glauben, dass es auch für andere Menschen von Bedeutung sein könnte, dann verfügen wir über eine wesentliche Grundlage für unsere Entscheidungen. Dabei können unsere Überzeugungen Ausdruck religiöser oder politischer Zugehörigkeit sein oder aber einfach persönliche Lebensmaximen. Entscheidend ist, dass wir darüber Sicherheit für unser Handeln gewinnen.

Fragen Sie sich:

Von welchen Werten und Normen ist mein Denken, Fühlen und Handeln geprägt? Welche darunter sind für mich nicht diskutierbar, also unumstößlich gültig? Verfüge ich über genügend Werte und Normen, an denen ich mich ausrichten kann? Oder sind es so viele, dass ich mich dadurch geradezu belastet fühle? Was sind meine religiösen oder weltanschaulichen Einstellungen zu grundlegenden Bereichen, wie Leben und Tod, Liebe und Sexualität, Wahrheit und Verantwortung, Hoffnung und Sinn, Recht und Vergebung?

Vielleicht fällt Ihnen bei der Erarbeitung Ihrer Map of Balance auf, dass Sie natürlich »Kind Ihrer Vorfahren« sind, die Sie auf unterschiedliche Weise prägten. Im nächsten Schritt wenden wir uns auch tatsächlich Ihren Ahnen zu.

Berufsbezogene Ahnenforschung

Wenn ich relativ zu Beginn der gemeinsamen Arbeit auf die Familie und die Ahnen zu sprechen komme, ist einigen Coachees die Ungeduld anzusehen. Sie sind zu mir gekommen, weil sie wissen wollen, was die Zukunft bringt, wie sie sich am besten nach vorn orientieren können, auf welche Weise sie weitermachen sollen. Und ich schalte den Rückwärtsgang ein und frage nach der Vergangenheit!

■ So wurde mir klar, was meine Ahnen mir mit auf den Weg gegeben haben, was ich von ihnen mitgenommen habe. Ich stieß in meiner Familie auf Selbstständigkeit und Unternehmertum, aber auch auf eine Reihe von nicht erfüllten Berufs- und Lebenswünschen. Weiter wurde mir klar, wie wenig ich eigentlich über meine Vorfahren wusste. Später in der Schweiz sollte das Thema noch für Gesprächsstoff mit meinen Eltern und meinem Bruder sorgen. Plötzlich war da ein neues Thema, das uns alle verband. Und an dem alle Interesse hatten.

ROGNER VAN DELFT ■

Ein kraftvolles Erbe antreten

Was wissen Sie wirklich über Ihre Vorfahren? Inwieweit kennen Sie ihre Berufe, ihre Fähigkeiten, ihre Art des Wirtschaftens? Wie vielen Generationen von Männern und vor allem Frauen vor Ihnen trauen Sie überhaupt zu, ein Berufsleben gehabt zu haben, innerhalb dessen sie sich mit Fragen auseinandersetzen mussten, die Ihren heutigen ähnlich sein könnten? In der Praxis erlebe ich immer wieder, dass sich die meisten bislang kaum ein Bild ihrer Vorfahren gemacht haben. Spätestens bei den Urgroßeltern ist Schluss. Da weiß man nicht einmal mehr den Namen oder das Geburtsjahr. Muss man ja auch nicht. Dennoch erschließt man sich einen tiefen Quell an Kraft und Erfahrung, wenn man sich mit seinen Ahnen beschäftigt, und wo nötig auch aussöhnt. Da für Letzteres eher ein therapeutisches Setting und weniger ein Coaching der geeignete Rahmen ist, berühren wir in der berufsbezogenen Beratung gezielt weitgehend neutrale Fakten und destillieren daraus die positive, heute nutzbare Essenz.

Das Berufsgenogramm

Was könnte es leichter machen, sich strukturiert den Vorfahren zuzuwenden, als ein Genogramm, einen Stammbaum, eine Übersicht aller, die mit uns verwandt sind, zu studieren? In unserem Fall steht das Berufliche im Vordergrund. Die folgende Übung beinhaltet genau das, was ich meine KlientInnen zu tun bitte, wenn wir ihre aktuelle Position in Leben und Beruf analysieren.

Das Genogramm erstellen

▶ Nehmen Sie ein großes Blatt Papier. Am besten kleben Sie vier DIN-A3-Bögen zum Viereck zusammen. Teilen Sie es grob in zwei Bereiche – einen für die männliche und einen für die weibliche Linie – und schreiben Sie nun all Ihre Geschwister und Vorfahren auf. Ganz unten in der Mitte stehen Sie, daneben eventuelle Geschwister. Darüber auf der einen Seite die Mutter, auf der anderen der Vater, daneben jeweils deren Geschwister. Darüber kommen deren Eltern … und so wird es nach oben hin immer dichter und voller. Beachten Sie auch früh verstorbene Kinder oder Stiefväter und dergleichen.

Lassen Sie bei den einzelnen Personen ausreichend Platz, denn Sie sollten folgende Angaben jeweils dazuschreiben: Geburtsdatum und eventuelles Sterbedatum, Lebensort, Beruf und diesbezügliche Besonderheiten – angestellt oder selbstständig, im herkömmlichen Sinne erfolgreich oder eher nicht, eventuell auch typische Aussagen zum Thema »Arbeit und Geld«, Wertvorstellungen und Ähnliches. Notieren Sie alles, was Ihnen erwähnenswert erscheint. Sicherlich werden Sie nach oben hin immer mehr Lücken haben, schreiben Sie einfach das auf, was Sie wissen oder noch in Erfahrung bringen können. Lassen Sie sich ausreichend Zeit für diesen Prozess. Sie müssen ihn überhaupt nicht auf ein Mal durchlaufen. Reflektieren Sie, was Ihnen alles auffällt. Denn das, was Sie da nach und nach vor sich entstehen sehen, das sind Ihre Wurzeln, auch in beruflicher Hinsicht. ◄

Beim Erstellen eines solchen Genogramms greifen wir fast nur auf Dinge zurück, die wir bereits wissen und kennen. Natürlich können wir Verwandte fragen, wenn wir bestimmte Lücken noch füllen wollen. Wesentlich aber ist: Wir kombinieren all diese Fakten neu – bei Familienfeiern Erzähltes, in der Kindheit Erlebtes, Zusammengereimtes und Geschlussfolgertes. Dieser plötzlich recht umfassende Blick auf die persönliche Herkunft kann zu ungeahnter Klarheit der eigenen (beruflichen) Muster, Stärken und Schwächen führen.

■ Birgitt Morrien gab mir zunächst die Aufgabe, mich mit der Analyse der Berufsrollen in meiner Familie zu beschäftigen. Ich verfolgte diese sowohl auf der mütterlichen als auch der väterlichen Linie zurück bis zu meinen Großeltern und wurde hier intensiv mit zwei unterschiedlichen Energiequellen konfrontiert, die meine Persönlichkeit nicht nur im Beruf prägen.

Aus der Familie meines Vaters habe ich das Streben mitbekommen, etwas zu schaffen und schöpferisch tätig zu sein. Ebenso ist der starke Wunsch nach Originalität, Kreativität und Selbstverwirklichung aus diesem Teil meiner Familie an mich weitergegeben worden. Die mütterliche Seite meiner Familie dagegen ist durch viele Schicksalsschläge und Erschütterungen vor allem vom Wunsch nach Sicherheit, Bildung und gesellschaftlicher Anpassung bestimmt gewesen, und dies hat, gepaart mit einem hohen Maß an Beharrlichkeit und Willensstärke, ebenfalls großen Einfluss auf mich gehabt.

In mir haben sich diese beiden Aspekte in einer Weise zusammengefügt, die es mir ermöglicht, einerseits sehr strukturiert, zielorientiert und ausdauernd an die Dinge heranzugehen. Andererseits habe ich eine tiefe Sehnsucht danach, mich für das, womit ich mich beschäftige, zu begeistern und die Dinge in einer kreativen und auch schon mal unkonventionellen Weise zu meistern. Wenn ich beide Seiten – die der Struktur und die der Begeisterung – bei meinen Arbeits- und Alltagsaufgaben entfalten kann, dann bin ich sehr produktiv und voller Energie und fühle mich im Einklang mit mir und meinen Aufgaben.

In den letzten Jahren jedoch hatte scheinbar die Strukturseite in mir die Führung übernommen und diese allein erzeugt in mir das Gefühl, nur noch »gut« zu funktionieren. Der Coaching-Prozess verhalf mir nun, meinen Bedürfnissen nach Begeisterung, Selbstverwirklichung und Kreativität wieder auf die Spur zu kommen.

BEATE KUBNY-LÜKE ■

In einem zweiten Schritt soll diese neue Bewusstheit noch vertieft werden, indem wieder das Benennen ins Spiel kommt.

Die Kernaussage des Genogramms finden

▶ Betrachten Sie Ihr Genogramm in Ruhe und reflektieren Sie darüber, wie Sie mit Ihrem »beruflichen Erbe« umgegangen sind.

Geben Sie der Darstellung schließlich eine Überschrift, einen Titel, eine Grundaussage. Lassen Sie daraus mit dem Worddropping (Seite 94 ff.) einen auf Sie selbst bezogenen Satz entstehen. ◀

Solche Kernaussagen könnten beispielsweise sein – ich zitiere hier Klienten aus der Erinnerung:

- Leben im 20. Jahrhundert – oder wie ich es schaffte, zu mir selbst zu finden, um so meinen eigenen Weg, einen Weg des 21. Jahrhunderts zu gehen.

- Kampf und Mühen – oder wie ich lernte, dass das Arbeiten auch Spaß machen kann, indem ich nicht alles so machte, wie meine Vorfahren es wünschten, und dabei glücklich wurde.

- Dankbarkeit – oder wie ich entdeckte, dass ein verantwortungsvolles Erbe nicht nur Last, sondern auch Freude sein kann.

Wie Sie sehen, kristallisieren sich durch die Benennung die grundsätzlichen Themen heraus, die durchaus auch kollektive Relevanz haben können. Es kann um die Annäherung an die Familie gehen, die plötzlich in einem neuen Licht gesehen wird. Es kann aber genauso gut nötig sein, einen Schritt Abstand zu gewinnen, um zu dem eigenständigen Individuum zu werden, das seinen ureigenen Weg geht. Was auch immer sich herausstellt: Aus meiner Erfahrung erwächst diesem Prozess tendenziell stets eine Wertschätzung für das Alte und die Freiheit, das Neue zu wagen. Ein erster wesentlicher Baustein, wenn es dann in der zweiten Phase darum gehen wird, Visionen zu entwickeln.

■ Natürlich ist meine Familie auch meine Stärke, aber von ihr habe ich auch die große Last bekommen. Jetzt verstehe ich, dass ich nicht die Probleme mehrerer Generationen lösen kann und muss, sondern mein eigenes Leben glücklich führen darf. Meine Stärke ist in mir selbst, meine Familie ist nur eine Quelle davon.
MARYNA SEMASHKEVICH ■

Die Gründe Ihrer Berufswahl

Interessant kann es an dieser Stelle übrigens auch sein, sich zu fragen, warum beziehungsweise unter welchen Einflüssen Sie genau in die berufliche Sparte gingen, in der Sie sich heute wiederfinden.

Vielleicht war es eine bewusste Entscheidung, das Verfolgen eines bereits früh spürbaren Wunsches, oder Sie fühlten sich gedrängt von den Erwartungen des Umfeldes oder aber von einem unbewussten inneren Ahnen? Welche Mischung aus allen möglichen Faktoren für Sie zutrifft, können Sie anhand der folgenden Grafik für sich herausfinden.

EINFLUSSFAKTOREN MEINER BERUFSWAHL

1. Welche Berufstradition gibt es in meiner Familie?
2. Was ich als Kind immer werden wollte ...
3. Was ich unter keinen Umständen werden durfte ...
4. Welche Lebensumstände mich behindert bzw. gefördert haben ...
5. Wer war mein wichtigstes Berufsvorbild?
6. Welche Berufe haben meine JugendfreundInnen gewählt?
7. Welchen Einfluss hatten Schule und LehrerInnen auf meine Berufswahl?
8. Ergänzung

Quelle: Herbert Gudjons, Marianne Pieper, Birgit Wagener: *Auf meinen Spuren*, Hamburg: Bergmann + Helbig 1996

Lebensmaximen

Die Ahnen – diesmal in etwas weniger konkret-faktischer Form – helfen uns auch bei diesem Schritt der Positionsanalyse. Die »Begegnung« mit einem Vorfahren, den wir nicht kennen oder erkennen müssen, bringt uns Leitsätze für unser weiteres Leben. In der Praxis sieht das so aus, dass ich die Coachees, die ja oftmals ohne-

hin innerlich gerade noch mit dem Genogramm befasst sind, ein-
lade, sich auf ein besonderes Treffen einzulassen und sich vorzustellen, es sei jemand in den Raum gekommen: eine Ahnin oder
ein Ahne, ein Mensch aus der Vorfahrenreihe des Coachees. Und
zwar ein Mensch, der ein glückliches und erfülltes Leben gelebt
hat. Beide treten in einen Austausch miteinander, an dessen Ende
die Ahnin oder der Ahne dem Heutigen ein paar grundsätzliche
Hinweise mit auf den Weg gibt. Meist werden sie in dieser Weise
formuliert: Du darfst …

Auch im Selbstcoaching ist es möglich, sich diese Sätze geben
zu lassen und darüber hinaus in eine tief gefühlte Verbindung mit
einem glücklichen Menschen aus der eigenen Blutsverwandtschaft
zu treten.

Die Begegnung mit einem Vorfahren

▶ Entspannen Sie sich und stellen Sie sich vor, dass eine wohlwol-
lende Ahnin oder ein wohlwollender Ahne zu Ihnen in den Raum
kommt. Sie können sie auch herbeibitten. Nehmen Sie den Anwesenden wahr. Es ist nicht wichtig, ob Sie diesen Menschen kennen.
Vielleicht lebte er schon vor Hunderten von Jahren.

Stellen oder setzen Sie sich nun an den Platz, an dem dieser
Vorfahr steht, nehmen Sie seine Position ein und fühlen Sie ihn
gewissermaßen von innen heraus. Was für ein Lebensgefühl hatte
dieser Mensch? Wie war er gebaut? Wie hieß er? Welche Kleidung
trug er? Lassen Sie ihn erzählen, was für ein Leben er geführt hat,
welcher Arbeit er nachging und wie er sich dabei gefühlt hat. Bewerten Sie nicht, was Ihnen in den Sinn kommt, lassen Sie es einfach aus sich heraussprudeln, auch wenn Sie sich wundern, wo
diese Gedanken auf einmal herkommen.

Bitten Sie die Ahnin, den Ahnen nun, Ihnen ein paar Grundsätze mit auf den Weg zu geben. Was wünscht Ihnen dieser
Mensch, der ein erfolgreiches Leben längst hinter sich gebracht
hat? Was »dürfen« Sie aus seiner Sicht für sich, Ihr Leben, Ihren

Erfolg und Ihr Glück tun? Oder was möchte er Ihnen noch sagen? Notieren Sie diese Aussagen.

Treten Sie am Ende wieder aus dem Informationsfeld dieser Person[25] heraus und gehen Sie zu Ihrem Platz. Bedanken und verabschieden Sie sich von dem Vorfahren. ◄

Es kann sehr berührend sein, diese Begegnung zu erleben. Da ist jemand aus der fernen Vergangenheit, den man eventuell nie kennengelernt hat und der doch in einer engen Verbindung zum eigenen Leben steht, vielleicht sogar eine der vielen Ursachen dafür war. Man spürt die Energie eines Menschen, der erfüllt war in seinem Tun und Leben – und vielleicht ist diese Energie eine ganz andere als die, die man an sich selbst kennt, etwas, wovon man sich »eine Scheibe abschneiden« kann, um die eigenen Facetten vielfältiger auszuleben.

Wie werden nun aus den Tipps der Ahnin, des Ahnen die persönlichen Lebensmaximen? Durch die Umformulierung aus der Du- in die Ich-Form. Aus »Du darfst ausgelassen mit deinen Kindern spielen« wird »Ich darf ausgelassen mit meinen Kindern spielen«. Aus »Du darfst deinen Fähigkeiten vertrauen« wird »Ich darf meinen Fähigkeiten vertrauen«. Und aus »Du machst das gut, ich bin stolz auf dich« wird »Ich mach das gut, ich bin stolz auf mich«.

Allein die Umformulierung kann enorme Aha-Effekte auslösen, wie es beispielsweise bei Franziska Muri der Fall war: Die Ahnin, der sie in dieser Übung begegnete, sagte unter anderem zu ihr, als es um die Leitsätze ging: »Ich bin immer für dich da.« In der Umkehrung wurde daraus: »Ich bin immer für mich da.« Die positive Erschütterung war der Klientin deutlich anzusehen. Ihr kamen die Tränen und es fiel ihr wie Schuppen von den Augen, dass dieser Satz wahr ist: Sie selbst war immer für sich da, sie selbst war die Größe ihres Lebens, auf die sie sich immer hat verlassen können. Und sei es, dass diese »Größe Ich« nicht mehr weiterwusste, aber sich doch zureden konnte, dass es einen Ausweg geben und das Leben ihn ihr zeigen würde.

Die Sätze in der Ich-Form sind nun die Medizin, von der Sie ab sofort dreimal täglich eine große Portion nehmen sollten. Es sind die Maximen für das weitere Leben, die die alten Glaubenssätze nach und nach ablösen werden. Sie sind komplett auf Ihr Wohlergehen ausgerichtet. Letztlich im Sinne des bekannten Spruchs aus dem Talmud werden diese Gedanken, wenn Sie sie regelmäßig verinnerlichen, zu Ihrem Leben.

Achte auf deine Gedanken, denn sie werden zu Worten.
Achte auf deine Worte, denn sie werden zu Handlungen.
Achte auf deine Handlungen, denn sie werden zu Gewohnheiten.
Achte auf deine Gewohnheiten, denn sie werden dein Charakter.
Achte auf deinen Charakter, denn er wird dein Schicksal.

Bei vielen sind die Lebensmaximen nicht unbedingt auf den ersten und nicht mal auf den zweiten Blick mit dem eigentlichen Arbeitsthema verbunden, das sie ins Coaching führte. Doch sie beziehen sich auf ein Dahinter, aufgrund dessen die Arbeitsbereiche ins Schleudern geraten, unbefriedigend oder schlichtweg zu viel geworden sein könnten. Jemandem, der ständig unter Zeitdruck ist und glaubt, seine Probleme durch noch mehr Leistung lösen zu können, wird vielleicht gesagt, er dürfe mehr in die Natur gehen, Thermalbäder genießen, sich öfter mit Freunden verabreden. Das wird ihm rein rational widerstreben, doch meist spüren solche Menschen, dass ihnen genau diese Dinge insgesamt guttun würden. Kehren solche Aktivitäten regelmäßig in ihr Leben ein, wird auch das Arbeiten wieder freudvoller, konzentrierter und letztlich effizienter. Genau deshalb wähle ich in der Anleitung auch die Formulierung »Du darfst …«, aus der dann »Ich darf …« wird. Es geht darum, sich die Erlaubnis zu geben, sich Gutes zu tun und sich als ganzen Menschen mit unterschiedlichen Bedürfnissen zu sehen. Es ist die Erlaubnis, sich freizuschwimmen aus dem Strudel der Erwartungen von außen.

Die Lebensmaximen verankern

► Nehmen Sie sich täglich, am besten sogar dreimal täglich die wenigen Momente Zeit, um sich Ihre neuen Leitsätze laut oder leise vorzusprechen. Gehen Sie die kurze oder längere Reihe jeweils dreimal durch. Lesen Sie langsam und so, dass Ihnen der jeweilige Inhalt auch wirklich bewusst wird. Achten Sie darauf, ob ein Gefühl entsteht, und nehmen Sie es einfach wahr. Auf diese Weise verbinden Sie sich intensiv mit den Maximen, die Ihr Wirken von nun an immer mehr bestimmen und leise einen Wandel einleiten können. ◄

Ich erlebe es regelmäßig, dass die Hinweise, die die Klienten von den Ahnen bekommen, für sie ein wahrer Schatz sind und tatsächlich regelmäßig ausgesprochen oder zumindest immer mal wieder hervorgeholt und neu verinnerlicht werden. Es ist eine Übung, zudem eine sehr simple, die von sehr vielen in eine beständige und wohltuende Praxis überführt wird.

■ Als ich einer Ahnin gegenübertrat, die mich und das, was mich ausmacht, beschrieb, war das eine durchaus emotionale Begegnung. Sie kannte mich, sie kannte mich fast zu gut. Und wieder war es an mir, das, was sie mir zu sagen hatte, als meine Lebensgrundsätze anzunehmen. Dabei waren das nicht wirklich neue Erkenntnisse. Nein, es waren Potenziale und Werte, die mir eigentlich hätten bewusst sein sollen. Aber sie waren in Vergessenheit geraten, oder ich hielt mich einfach nicht für wichtig genug.

CORINA RÜTTEN ■

Erfolgsprinzipien

Weiter geht es darin, sich wesentliche Bausteine der eigenen Biografie bewusst zu machen, Schätze aus der Tiefe ans Tageslicht zu bringen, wo sie poliert und nutzbar gemacht werden können. Nach den Lebensmaximen wenden wir uns jetzt den Erfolgsprinzipien zu, die Ihr Leben bereits prägen, obwohl Ihnen das vielleicht noch gar nicht bewusst ist. Denn wo auch immer Sie gerade stehen, Sie waren bereits erfolgreich.

Für diese Aussage ernte ich vor allem von Coachees, die in einer echten Krise samt riesiger Selbstzweifel stecken, nichts als ein müdes Lächeln. Wenn wir dann aber nachforschen, finden sich in jedem Leben mehr als genug Hinweise darauf, in welchen Situationen und vor allem auf welche Weise auch diejenigen bereits erfolgreich Schwierigkeiten meistern konnten. Das Mittel dazu ist eine einfache Befragung.

Wie meisterten Sie Krisen?

▶ Besinnen Sie sich auf drei bereits erfolgreich bewältigte Krisen Ihrer Vergangenheit, sie können beruflicher ebenso wie rein privater Natur gewesen sein. Notieren Sie auf je einem Blatt das entsprechende Stichwort, zum Beispiel »Das Fieber«, »Der Zusammenbruch«, »Die Trennung«, »Die Kündigung«.

Listen Sie nun auf, wer oder was Ihnen damals geholfen hat, die Krise zu meistern – denn Sie haben Sie gemeistert und hatten das vielleicht schon fast vergessen. Was war damals hilfreich? Familie und Freunde? Öffentliche Ämter? TherapeutInnen oder ÄrztInnen? Eigene Stärken? Schreiben Sie alles auf, selbst Dinge, die Ihnen erst einmal seltsam und unpassend vorkommen. Besinnen Sie sich auf das, was damals geholfen hat oder Ihnen zumindest aus heutiger Sicht hilfreich schien.

Extrahieren Sie nun Ihre Erfolgsprinzipien. Was fällt Ihnen anhand der drei gemeisterten Krisen auf? Wie gehen Sie vor, wenn

Sie in der Klemme stecken? Worauf können Sie sich verlassen? Haben Sie ein breites Repertoire an Werkzeugen in der Krise oder sind es stets die gleichen, wenigen bewährten Taktiken oder Wege, auf die Sie vertrauensvoll zurückgreifen? ◄

Auch hierzu möchte ich Ihnen ein paar Beispiele geben, Sätze, die Coachees sich als ihre Erfolgsprinzipien erarbeiteten. Sie sind ganz unterschiedlich geartet, da jeder anders mit Schwierigkeiten umgeht.

- Ich trau mich, um Hilfe zu bitten, und bekomme dann auch Hilfe.
- Wow, in mir ist ein ungeheurer Überlebens- und Genesungswille!
- Dass mir manchmal andere helfen, freut und berührt mich. Zugleich stelle ich das aber nicht an die erste Stelle, sondern verlasse mich lieber auf mich selbst, auf die Kraft, die ich aus der Natur schöpfe, oder ich bete auf meine freie, unkonfessionelle Weise, wenn ich gar nicht weiterweiß.
- Ich nutze Methoden wieder, die schon mal halfen.
- Ich halte durch, ich falle nicht um, ich kann unglaublich stur sein, was manchmal genau das Richtige ist.

▨ In einer anderen Übung (Was waren Ihre drei größten Krisen und wie haben Sie diese gelöst?) habe ich in mir Charaktereigenschaften entdeckt, die meinen bisherigen Lebensweg maßgeblich beeinflusst haben – und die ich bis dato als Zufall abgetan hatte.

KAI OPPEL ▨

Kontaktfeldanalyse

Sie sehen schon, wir erarbeiten uns in dieser Phase der Positions-analyse nach und nach ein dickes, tragendes, stabiles Fundament unseres (beruflichen) Lebens. Dazu zählen selbstverständlich auch die Menschen unseres Umfelds. Da gibt es welche, die uns sehr na-hestehen und mit denen wir in regem Austausch sind, Familie und Wahlfamilie. Dann kommen die FreundInnen. Es gibt darüber hi-naus etwas weitere Bekannte, NachbarInnen, AuftraggeberInnen, KundInnen oder KollegInnen, mit denen wir uns gut verstehen. In einem noch etwas weiter außen gelegenen Kreis sind die Men-schen, mit denen wir rein beruflich zu tun haben, die uns nicht weiter berühren und die wir nicht einmal mögen müssen – die aber zu unserem Leben gehören. Dazu kommen ferne Bekannte, flüchtige Bekanntschaften, vielleicht auch einige Facebook- oder XING-Kontakte und all die Menschen, mit denen wir irgendwann einmal in Verbindung standen, aktuell aber nichts mehr zu tun haben.

Sich das dichte oder weniger dichte Feld der Kontakte bewusst zu machen, löst auch wieder viele Erkenntnisse über den eigenen Stand in der Welt aus. Selbst vermeintliche Eigenbrötler stellen meist erstaunt fest, mit wie vielen Menschen sie in Verbindung ste-hen. Andere bemerken, dass sie zwar unglaublich viele Leute ken-nen, es aber kaum jemand bis in den »inner circle« ihres Lebens geschafft hat. Noch anderen wird bewusst, dass sie derartig viele Kontakte pflegen, dass sie kaum mal zu sich selbst kommen. Die Reaktionen auf die eigene Kontaktfeldanalyse sind vielfältig. Und Bewusstwerdung ist auch hier der erste Schritt zu einer eventuel-len Veränderung.

Ihr Kontaktfeld

▶ Zeichen Sie auf ein großes Blatt vier konzentrische Kreise, wie Sie es in der nachfolgenden Abbildung sehen. Schreiben Sie spontan alle Namen hinein, die Ihnen dazu einfallen. Gerade bei den beiden äußeren Kreisen geht es nicht darum, dass sie vollständig ausgefüllt werden. Das wird kaum jemand schaffen, zu vielfältig sind die Kontakte, die man im Laufe seines Lebens eingeht.

Im zweiten Schritt erstellen Sie eine Liste, in der Sie zu jeder der notierten Personen Name, Wohnort, Alter, Beruf, Dauer Ihrer Bindung und eventuelle Besonderheiten aufschreiben. Natürlich wissen Sie das alles – es sich aber nochmals auf diese Weise bewusst zu machen, stärkt das Wissen um den eigenen Stand innerhalb des Netzwerks. ◄

KONTAKTFELDANALYSE

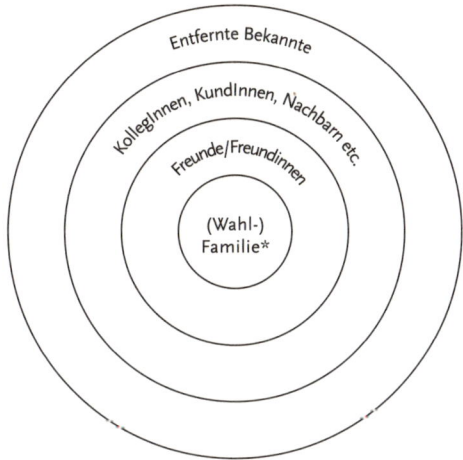

* Familie = engster Bezugsrahmen/Lebenspartnerln/Kinder

Dieser Teil der Positionsanalyse kann Sie von einem passiven, weitgehend ungenutzten Kontaktfeld zu einem bewusst gelebten Netzwerk führen – eine wichtige Voraussetzung, um später auf Unterstützungsmöglichkeiten zuzugreifen, die Sie sonst vielleicht nicht bedacht hätten. Wenn Sie diesen Sinn der Übung verinnerlicht haben, steht es Ihnen natürlich frei, aus Zeitgründen nur zwei oder drei Kontakte aus jedem Ring genauer zu analysieren.

Die Kontaktfeldanalyse kann einige Fragen in Ihnen aufkommen lassen, so wie ich es bei Coachees oft erlebe: Ist mein Netzwerk wirklich tragfähig? Habe ich mich vor lauter Karrierestreben zu wenig um meine Freunde gekümmert, sodass es immer weniger wurden? Oder bin ich einfach eine Art Einzelgänger? Oder aber: Ich kenne so unendlich viele Menschen, kann ich aber auf jemanden zählen, wenn es wirklich darauf ankommt? Was verbindet mich wirklich mit den Menschen aus dem innersten Kreis? Oder: Da sind so viele Menschen, die mir etwas bedeuten – ich habe das im Alltagsgetümmel gar nicht mehr bemerken und schätzen können. Es ist mir nicht gelungen, diese Kontakte zu pflegen. Das tut mir leid, da es mir eigentlich sehr wichtig ist.

Bewegen Sie solche Gedanken und Gefühle in sich – aber sorgen Sie sich nicht. Ein Coaching-Prozess holt allerlei ans Licht. Doch wir sind erst in der ersten Phase – vieles wird sich noch wandeln, ohne dass Sie direkt an diesen Stellen aktiv werden. Die Macht des Unterbewusstseins sollten Sie nie unterschätzen. Ihm entgeht kein einziges Detail aus Ihrem DreamGuidance-Prozess.

Übrigens: Auch Ihrem Kontaktfeld können Sie eine Überschrift geben, aus der Sie dann einen Satz formen. Beispielsweise, ich zitiere wieder aus dem Gedächtnis frühere KlientInnen:»Begleiter meiner Lebensphasen – oder wie ich vielfältige Facetten des Lebens kennenlernte«. Oder:»Tief verbunden – oder warum ich zu meinem guten Glück auf die große Karriere verzichtete«. Oder aber:»Gar kein so einsamer Wolf – oder wie ich den Spagat zwischen Gemeinschaftssinn und Solokarriere meistere«.

Wertschätzung ist Ihr Kapital

In der gesamten Positionsanalyse geht es letztlich um eine wesentliche Antriebskraft des Menschen: die Wertschätzung des eigenen Wesens, des individuellen Könnens, Wollens und Dürfens. Aus all den Betrachtungen der bisherigen Lebensphasen, des Umgangs mit Krisen, aus der Analyse des Ahnen- und des Beziehungsfeldes erwächst bei so ziemlich allen Coachees das Gefühl, das Leben bislang nach bestem Wissen und Gewissen gut gemeistert zu haben und über viele kleine und große, schwierige und leichte Schritte zu dem Punkt gekommen zu sein, an dem sie heute stehen – mit allen Fragen und Zweifeln, aller Hoffnung und allem Vertrauen in die Zukunft.

▮ Ein besonderer Höhepunkt war für mich die Erarbeitung eines Zertifikates, das meine eigene Lebensleistung (im Unterschied zur Schul- und Berufsausbildung) bei der Entwicklung meiner beruflichen Potenziale benennt und würdigt. Fasziniert erlebte ich, wie meine Erzählung eines konfliktbeladenen Erlebnisses aus meiner Schulzeit sich im Gespräch mit Frau Morrien in den Bericht über einen »Lehrgang« zum Erwerb grundlegender Kompetenzen verwandelte, die hilfreich sein können für meine zukünftige berufliche Entscheidung.

Das Zertifikat hängt heute neben meinem Schreibtisch an der Wand. Es bereichert mein berufliches Selbstbewusstsein. Zum einen macht es mir Kompetenzen deutlich, die ich trotz zahlreicher im Laufe meines Lebens erworbener Zeugnisse bisher an mir nie wahrgenommen habe. Zum anderen würdigt es eine lange von mir selbst nicht (an)erkannte Arbeit.

SANDRA PEERMEYER ▮

Oftmals ist das Entscheidende in dieser Phase vor allem die Umbewertung des Erlebten und nicht immer positiv im Hirn Gespeicherten: Verwandtschaft – das klingt für einige vielleicht nach Ärger und Druck. Bisherige Krisen – das könnte alte Gefühle von Angst, Scham und Versagen wachrufen. Das Coaching aber lockt die in diesen Feldern verborgenen Potenziale ins Bewusstsein, die dann auch für die Zukunft nutzbar gemacht werden können. Der Hirnforscher Gerald Hüther spricht davon, dass unser Gehirn nichts »vergisst«, dass aus ihm wahrscheinlich nichts gelöscht werden kann. Allerdings kann unangenehm Erlebtes eine Umbewertung erfahren, infolge derer es dann nicht mehr bedrohlich aus den unbewussten Tiefen aufsteigt, sobald etwas Verwandtes erlebt wird.[26] Neu gedeutet schimmert seine Kraft hervor.

■ Manche der Schätze, die da zum Vorschein kamen, konnte ich bedingungslos annehmen und ich freute mich darüber. Bei anderen dauerte es eine Weile. Als Frau Morrien irgendwann zu mir sagte: »Sie sind selbstbewusst«, habe ich das spontan verneint. Ich selbstbewusst? Mit Selbstbewusstsein verband ich immer diese »Hallo hier bin ich«-Mentalität. Und das bin ich nicht. Aber mein Coach ließ nicht locker und zerpflückte den Satz in: »Ich bin mir selbst bewusst.«

In Erinnerung an diese Stunde runzelt sich noch heute automatisch meine Stirn, doch damals wie heute – es stimmt. Ich handle nach meinen Bedürfnissen, nach meinen Werten und ich habe Grundsätze. Ich bin mir selbst bewusst, ja. ... Immer wenn ich darüber nachdachte, merkte ich, wie mein Rücken sich streckte. Ich ging aufrechter und irgendwie gelassener.

CORINA RÜTTEN ■

Aus diesem Prozess geht nicht nur eine wertvolle Portion Selbsterkenntnis hervor. Sondern auch eine ungeheure Entspannung, wenn man begreift, dass alles Bisherige schlichtweg so war, wie es war, und dass es nur in dieser Weise zu allem Weiteren und dem Heutigen führen konnte. Wenn man sieht, dass man in früheren

Krisen Mittel und Wege gefunden hat – in seinem Inneren oder dem äußeren Umfeld hat finden müssen, aber eben auch können –, die aus der Krise heraus und in einen neuen Lebensabschnitt hineingeführt haben. Wenn man das erste zarte Vertrauen in die eigene Kompetenz spürt, auch aktuellen oder eventuellen zukünftigen Schwierigkeiten begegnen zu können, dass man weiterlernen und sich entwickeln kann und aus problematischen Abschnitten gestärkt hervorzugehen vermag.

Was dieser Bewusstwerdungsprozess bei den einzelnen Menschen hervorbringt, ist höchst individuell. Nicht immer ist es sofort ein uneingeschränktes Jubeln über das bisherige Leben und den heutigen Stand im eigenen Sein und in der Welt. Es ist die erste Phase des Coachings und in dieser werden neben all den Stärken natürlich auch Schwächen und Defizite bewusst. Als Teil des Ganzen, das den Menschen ausmacht.

Sicherlich gibt es in vielen Leben Bereiche, die so im Argen liegen, dass zuallererst therapeutische Hilfe vonnöten ist, bevor an ein (berufliches) Vorankommen zu denken ist. Auch dafür kann die Positionsanalyse dienen. Wenn ich manchmal genau diesen Rat gebe, ernte ich oft entsetzte oder zumindest enttäuschte Blicke: Das soll das Ergebnis sein? Dann aber rege ich zu folgender Sichtweise an: Inmitten all der Stärken und all des bislang Geleisteten stehend können Sie sich kraftvoll fühlen und stolz auf sich sein. Und mit genau diesem Stolz können Sie zu einem Profi gehen, der Ihnen in dieser einen Frage, die schon so lange offengeblieben war, mit psychotherapeutischen Mitteln weiterhelfen kann. Nicht weil Sie so elend sind. Sondern weil Sie dadurch noch mehr Stärke und Lebensfreude entwickeln können. Weil Ihnen durch ein paar Stunden professioneller Beratung Werkzeuge an die Hand gegeben werden können, die eine schwächende Lücke in Ihrer Persönlichkeit schließen könnten. Und das ist doch dann wiederum eine gute Aussicht, weil sie eine tragfähige Grundlage für Ihre künftigen Vorhaben schafft.

Insgesamt führt die Positionsanalyse in der hier vorgestellten Weise zu einem positiven Blick auf das eigene Leben und die eigenen Fähigkeiten und damit auch zur Lust, die persönlichen Potenziale auszubauen und die Schwächen entweder gelassen hinzunehmen oder in Stärken zu verwandeln.

▨ Frau Morrien bringt mir bei, dass Entscheidungen immer Luxus sind. Immerhin bedeuten sie, dass man mehrere Möglichkeiten hat. Für mich ist das eine ganz neue Erkenntnis: Ich habe in meinem Leben bisher immer viel Luxus gehabt, denn ich konnte immer zwischen mehreren Möglichkeiten wählen!

MARYNA SEMASHKEVICH ▨

II. Vision – oder wie Sie erträumen, wer Sie morgen sein wollen

Auf der Basis dessen, was einen Menschen zu dem gemacht hat, was er heute ist, gilt es nun nach vorn zu schauen. Wohin soll die weitere Lebensreise gehen? Wie findet er mit seinen Ressourcen und Sehnsüchten zum erwünschten Erfolg? Und welche Ziele sind es, die der oder dem Ratsuchenden individuell entsprechen?

P/Review

Der Kern, das absolute Herzstück der Methode ist die P/Review: ein in meiner Arbeit mittlerweile stehender Begriff für Preview – also die Vorschau auf Zukünftiges – und Review – der Rückblick auf Vergangenes. Beides innerhalb einer geführten inneren Reise zu betrachten, kann die Weichen für das weitere Leben komplett neu ausrichten. Das zeigen auch die Feedbacks der meisten KlientInnen. Jeder Coachee berichtet von der einen oder anderen Technik oder Erfahrung während des Coachings – doch wie es ihr oder ihm mit dieser Visionsreise, diesem geführten Tagtraum ging, das bleibt selten unerwähnt. Und immer schwingen dankbares Erstaunen und neu gefühlte Zuversicht mit.

Ein Blick zurück aus der fernen Zukunft

In der P/Review kommt das Träumen, das meiner Art des Coachens den Namen gab, am stärksten zum Tragen. Die Grundidee ist einfach: In einer leichten Trance werden von einem sehr späten Lebensalter aus Momente des Glücks rekapituliert. Von beispielsweise 85 Jahren schaut man in Siebenerschritten auf erfüllende

Augenblicke zurück und erarbeitet dann aus diesen positiven Bildern und Gefühlen die Vision, um die es einem im Leben wirklich geht. Der alte Mensch erinnert sich und bewegt sich vom Lebensanfang durch die Zeit – von einem kostbaren Glücksmoment zum nächsten. Siebenerschritte bieten sich dabei deshalb an, weil sich der Körper alle sieben Jahre zellulär weitgehend erneuert, dann also wirklich ein neuer Abschnitt beginnt. Die genaue Zielableitung aus dem auf dieser Reise Erlebten bildet dann den nächsten Baustein – ebenso handhaben wir es hier in diesem Buch für Ihr Selbstcoaching.

Wie läuft es nun genau ab? Ich bitte die KlientInnen, sich entspannt hinzusetzen oder auch hinzulegen, wenn sie das möchten. Dann spreche ich beruhigend, monoton auf sie ein, bitte sie, ihren Körper zu spüren und zu entspannen, ruhig zu atmen. Ich rege sie an, den Körper nun noch genauer wahrzunehmen, die straffe Gesichtshaut, die Haare, die Muskeln oder die Statur. Nach einer Zeit, wenn der Mensch vor mir schon sehr entspannt ist, bitte ich ihn, sich vorzustellen, wie er altert: Die Haut wird faltiger und durchscheinend, die Haare werden grauer und weniger, der ganze Körper schwächer und langsamer. Die/der Coachee reist in die Zukunft zu einem Moment, in dem er einen hohen Geburtstag feiert. Welches Alter soll es sein? 75? 90? Spontan wird eine Zahl da sein und der Klient sieht sich an seinem Geburtstag. Wie auch immer der begangen wird: im Kreise vieler Freunde und Verwandte, eher allein und besinnlich oder nur mit einem vertrauten Gegenüber. Wir schauen uns an, wie dieser Ehrentag aussieht und mit welchem positiven Gefühl er durchlebt wird.

Nun bitte ich den Klienten, von diesem Tag aus Rückschau auf das gesamte Leben zu halten und sich die schönsten Momente der einzelnen Phasen noch einmal anzuschauen. Meist gehen wir wie gesagt in Siebenerschritten vor. Als alter Mensch erinnert sich der Klient nun also an ein schönes Erlebnis, einen wundervollen Moment innerhalb seiner ersten sieben Lebensjahre. Ist das in Ruhe wahrgenommen, gehen wir weiter zur Zeit bis 14 ... und so fort. Immer tauchen entsprechende Bilder oder Empfindungen, Erinnerungen und oft bereits vergessene Glücksmomente auf. »Irgendwann kann ich mir die Bilder nicht mehr aussuchen, die Morrien mit monotoner Stimme hervorlockt«, schreibt Ismene Poulakos und trifft damit die Tatsache auf den Punkt, dass die Trance früher oder später bei jedem zu wirken beginnt. Das Wachbewusstsein tritt in den Hintergrund, dennoch behalten die KlientInnen die Kontrolle und könnten die Erfahrung jederzeit beenden.

Besonders spannend wird es, wenn die aktuelle Lebensphase erreicht ist und man nun in die Zukunft schaut. Dann »erinnert« eine 39-jährige Klientin einen schönen Moment, den sie beispielsweise mit 46 erlebt. Dann zieht sie weiter, wird immer älter und sieht Bilder von glücklichen Phasen ihres reiferen Lebens, bis sie wieder beim Geburtstag im hohen Alter angekommen ist. Ich lasse ihr einen Moment Zeit, auch dieses hohe Alter nochmals zu genießen, den wie auch immer gefeierten Geburtstag.

DIE P/REVIEW-TECHNIK
für Raum-/Zeit-übergreifende
mentale Expeditionen

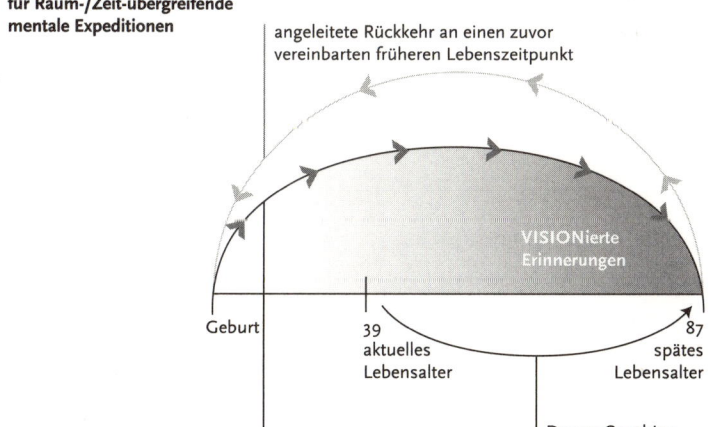

angeleitete Rückkehr an einen zuvor
vereinbarten früheren Lebenszeitpunkt

VISIONierte
Erinnerungen

Geburt | 39
aktuelles
Lebensalter

87
spätes
Lebensalter

angeleitete schrittweise
Erinnerung der gesamten
Lebenszeit, quasi als
visionierte Erinnerung

Dream-Coaching
mit gelenktem Tagtraum
an einen zuvor
vereinbarten späten
Lebenszeitpunkt

Und dann das kleine Wunder: Sie erlebt nun unter meiner Anleitung, wie die Haut wieder straffer, der Körper wieder kräftiger, die Energie stärker wird, bis sie im aktuellen Lebensalter als Klientin angekommen ist und sich beim Erwachen aus der leichten Trance neu im Raum orientieren kann. Die Reise ist beendet. Die gewonnenen Eindrücke durchdringen das Bewusstsein und auf eine außergewöhnlich positive Weise das Gefühlsleben der nicht selten regelrecht ehrfürchtig gewordenen Klienten.

■ Auch wenn die Krisen mich eines Tages doch noch in die Knie zwingen sollten, was ich nicht glaube, war es sehr hilfreich für meine jetzige und zukünftige Zielorientierung, am helllichten Tag träumend, in einem magischen Zustand schwebend, aber in vollem Bewusstsein wünschend, gesehen zu haben, dass ich im Alter von 70 Jahren in diesem freundlichen, hellen Holzhaus zufrieden und kreativ meinen Lebensabend genießen werde ... mit lieben Menschen, mit Musik, mit Farben und Gerüchen. Die Erde und ihre einzigartige Natur werde ich erlebt haben. Dinge werden von mir bewegt worden sein, die dazu beigetragen haben, dass dieser wunderbare blaue Planet kreativ und emotional bereichert durch unser unendliches Universum weiterschwebt. Was kann mir also passieren?

BRIGITTE BRETERNITZ ■

Zuversicht und Orientierung

Ein solches Vorgehen wie das der P/Review bringt gleich mehrere Vorteile für einen Menschen auf der Suche nach den nächsten (beruflichen) Schritten. Zuerst und wesentlich ist da die Komponente der Orientierung auf das Positive und die bei der Übung entstehende Zuversicht. Das ist keine Augenwischerei, sondern eine Methode, die gut begründbar ist: Die Hirnforscher Manfred Spitzer und Norbert Herschkowitz sprechen beispielsweise in ihrem Hör-

buch *Wie Erwachsene denken* davon, dass es die gleichen Hirnareale sind, die beim Erinnern und beim Planen aktiv werden.[27] Die
Visionsreise nun zeigt uns Bilder von vergangenen, angenehmen
Ereignissen und erfüllenden Augenblicken – und wir wissen, dass
es sie in unserem Leben wirklich gab, auch wenn wir sie vielleicht
vergessen hatten. Gewissermaßen im gleichen Atemzug sehen wir
Bilder der Zukunft, die ebenso angenehm sind. Wir haben diese
Zukunft noch nicht erlebt – aber unser Gehirn speichert sie so ab,
als wären es Erinnerungen. Sie werden zur Gewissheit für uns. Wir
können fortan davon ausgehen: So wird unsere Zukunft. Und da
sie angenehm ist, meist sogar äußerst angenehm – denn das ist ja
die Aufgabenstellung der Übung, zu besonders kostbaren und erfüllten Momenten zu gehen –, gibt uns diese innere Reise eine
Menge Zuversicht.

Eine innere Reise führt zu Bildern und Gefühlen, die einen intensiven Bewusstwerdungsprozess anstoßen. Aber sie zeigen eben
über die Bewusstmachung hinaus Wirkung, wie auch Joachim
Faulstich schreibt: »Wenn das Bewusstsein ins Innere Land sich
ausdehnt, sind alle Dinge, die geschehen, für die Seele gleicherma
ßen real. Dies bestätigt in unserer Zeit auch die Hirnforschung, die
im visuellen Cortex dieselben Muster findet, ganz gleich, ob ein
Ereignis in der äußeren Realität stattfindet oder ›nur imaginiert‹
wird.«[28]

Auf gut Fachchinesisch kann man bezüglich der P/Review von
einer kompetenzorientierten Fokussierung auf Muster des Gelingens sprechen. Die Reisenden erleben sich als in dem Sinne kompetent, dass sie schon – im ewig gegenwärtigen Hirn als »Jetzt«
erfahren –, wie ihr Leben gelingt. Sie wissen fortan: Ich werde ein
glücklicher alter Mensch sein, der auf ein erfülltes Leben zurückblickt. Das heißt, dass ich es geschafft haben werde. Und all die
Lebensabschnitte bis dorthin sind von ebensolcher Erfüllung geprägt, von Weiterentwicklung, Wachstum, dem Ausloten meiner
ureigenen Potenziale.

Was mich besonders freut: Methoden wie DreamGuidance arbeiten seit vielen Jahren erfolgreich. Und in dieser gesamten Zeit tauchten immer wieder Ergebnisse der Hirnforschung auf, die diese Techniken nicht infrage stellen, sondern letztlich belegen, dass sie funktionieren. Die Wissenschaft hat meine Herangehensweise daher bislang nicht verändert, sondern immer wieder nur bestärkt und vertieft. Aber auch die alten Kulturen des Schamanismus, die mich inspirierten, die Methode zu entwickeln, stehen für deren Wirksamkeit. Wie beim schamanischen Reisen werden auch beim geführten Tagträumen oder bei inneren Reisen bereits Wandlungen in Gang gesetzt, während wir die Traumbilder erleben. Wir machen uns – noch einmal zusammengefasst – zunutze, dass unser Gehirn das, was es wahrnimmt, für bare Münze nimmt. Es unterscheidet zudem nicht zwischen Vergangenheit, Gegenwart und Zukunft. Für unsere grauen Zellen ist alles: Jetzt. Indem wir zielführend tagträumen, verändern wir unsere Wirklichkeit. Und zwar bereits in dem Moment, in dem wir es tun.

▓ Ich werde immer schneller und schneller, beginne zu rennen, bis ich nach einer gewissen Zeit an einer hohen grauen Mauer ankomme. Eine alte Holzleiter lehnt an dem tristen Gestein und führt zu einer kleinen, skurril wirkenden Tür, zu der ich Sprosse für Sprosse hinaufsteige. Ich benutze den goldenen Schlüssel und trete in einen unendlich großen Raum, in dem sich eine golden-wässrige Flüssigkeit befindet. Fast wie vergoldetes Wasser. Ich springe beherzt in dieses goldene Meer und bade genüsslich. Von der Flüssigkeit getragen lasse ich mich treiben. – Das war mein Quantensprung in ein neues Leben.

BRIGITTE BRETERNITZ ▓

Selber auf Reisen gehen

Auch diese Reise in die Zukunft und in die Vergangenheit können Sie selbst unternehmen. Sie sollten sich dafür ausreichend Zeit nehmen und sich am besten vorab tief entspannen. Allein wird es allerdings schwierig, deswegen sollte hier Ihr Private Coach (siehe Seite 89) oder eine andere Person Ihres Vertrauens aktiv werden. Es heißt ja nicht umsonst DreamGuidance, das Geführt-Werden ist ganz wesentlich: von den Träumen, aber eben auch zu den Träumen.

Im Folgenden finden Sie eine genaue Anleitung für die P/Review, die Sie gemeinsam mit Ihrem Private Coach schriftlich so abwandeln sollten, dass es für Sie bezüglich der Altersangaben stimmt. Dann kann Ihnen der Private Coach die einzelnen Schritte langsam vorlesen und jeweils warten, bis Sie tatsächlich für den nächsten bereit sind. Steht Ihnen aktuell kein Privat-Coach zur Verfügung, können Sie die nachfolgende Anleitung auch auf Band sprechen und sich dann vorspielen.

Zur Vorbereitung sollten Sie sich einen ruhigen Ort suchen, an dem Sie sich wohlfühlen. Stellen Sie sicher, dass Sie in der nächsten Stunde nicht gestört werden, auch nicht vom Telefon. Schaffen Sie sich eine angenehme Atmosphäre und einen bequemen Platz zum Liegen beziehungsweise Sitzen.

Legen Sie sich in jedem Fall gleich jetzt für den nächsten Schritt große Bögen Papier und Buntstifte oder Wachsmalkreiden bereit. Wenn Ihnen das sicherer erscheint, können Sie sich auch Schreibzeug direkt neben Ihren Platz legen, um sich mittendrin kurze Notizen zu machen. Das sollten aber wirklich nur Stichpunkte sein, es sollte Sie nicht aus der tranceartigen Entspannung holen und zurück ins Denken bringen. Oftmals ist es auch gar nicht nötig, da die Eindrücke intensiv genug sind, um sie derweil im Bewusstsein zu halten.

P/Review

▶ Die P/Review im Detail:

- Setzen oder legen Sie sich entspannt hin und atmen Sie tief ein und aus. Entspannen Sie Ihren Körper und lassen Sie Ihre Gedanken einfach weiterziehen wie Wolken am Himmel. Kommen Sie zur Ruhe.

- Spüren Sie Ihren Körper. Wie fühlt er sich an? Nehmen Sie Ihren Rücken wahr, die Beine und die Arme, spüren Sie Ihre Kraft. Und die Haut, wie sie sich über das Gesicht spannt, Ihre Haare auf dem Kopf … Atmen Sie weiter ruhig ein und aus. Lassen Sie den Atem fließen.

- Stellen Sie sich nun vor, wie Sie älter werden, immer älter. Ihre Haut zeigt zunehmend Falten, die Haare werden grau und dann weiß. Ihre Muskeln werden weniger, die Kraft lässt langsam nach, jugendliche Frische und Elan schwinden. Seien Sie behutsam dabei, lassen Sie sich möglichst liebevoll altern, so, wie es sich für Sie gut anfühlt. Es reicht, wenn Sie einfach bemerken, dass es geschieht.

- Gehen Sie auf diese Weise in der Zeit voran bis zu einem Geburtstag in einem hohen Alter. Vielleicht 80, vielleicht 70, vielleicht sogar 100? Gehen Sie zu dem glücklichen Ehrentag eines betagten Menschen, der Sie sind. Was nehmen Sie wahr? Wo befinden Sie sich? In der Natur oder in einem Raum? Sind Sie allein oder sind andere anwesend? Wie fühlen Sie sich? Welche Grundstimmung nehmen Sie an diesem Ehrentag wahr? Wer sind Sie als alter Mensch? Lassen Sie sich Zeit, alle Eindrücke aufzunehmen.

- Und nun blicken Sie als dieser alte Mensch auf Ihr Leben zurück. Welche schönen Momente hat es Ihnen beschert? Sie machen einen großen, weiten Sprung zurück und beginnen in der ersten Phase bis zu Ihrem siebten Lebensjahr. Sie lassen einen besonders glücklichen Moment dieser frühen Kindheit vor Ihrem geistigen Auge wiederauferstehen. Lassen Sie sich Zeit, diesen Augenblick wahrzunehmen und sich daran zu erfreuen.

- Nun bewegen Sie sich auf der Zeitachse weiter zu einem erfüllten, schönen Moment vor dem Alter von 14. Was erscheint Ihnen? Was erinnern Sie? Ganz gleich, ob Sie die auftauchenden Bilder einem tatsächlich erlebten und im Gedächtnis behaltenen Moment zuordnen können – nehmen Sie einfach wahr, was Sie jetzt sehen oder spüren.

- Auf die gleiche Weise reisen Sie nun in Siebenerschritten weiter bis in die Siebenerphase, die Ihrem aktuellen Lebensalter am nächsten liegt. Lassen Sie auch dort einen glücklichen Moment aufsteigen, den Sie bewusst anschauen.

- Nun steht die Zukunft vor der Tür. Vielleicht spüren Sie eine gewisse Aufregung. Atmen Sie ruhig ein und aus. Gehen Sie in ein angenehmes Gefühl, ein Empfinden, so angenehm, dass diesem Raum zu geben Ihnen leicht gelingt. Sie spüren, wie dieses Empfinden Sie vollkommen auszufüllen beginnt. Und vielleicht entdecken Sie, wie beiläufig, wo oder wie dieses Gefühl in Ihrem Leben seinen Platz, seine Form finden konnte. Welches Bild entsteht in Ihnen? Welche Situation, welche Menschen, was sehen Sie oder erleben Sie?

- Reisen Sie auf die gleiche Weise weiter in die nächste Siebenerphase und lassen Sie sich auch dort einen wundervollen Moment zeigen. Genießen Sie ihn und ziehen Sie weiter, Phase um Phase. Sollten Sie anfangs zu einem besonders hohen Alter gereist sein, können Sie die Reise etwas abkürzen, indem Sie die letzten Phasen bis dorthin zusammenfassen, beispielsweise von 63 bis 85. Aber natürlich können Sie auch alle Etappen einzeln durchlaufen, ganz wie Sie wollen.

- Am Ende kommen Sie wieder bei Ihrem Geburtstag im hohen Alter an. Genießen Sie noch einmal diesen wertvollen Moment, würdevoll gefeiert von Ihren Gästen oder einfach von sich selbst in aller Stille.

- Verlassen Sie nun diese Eindrücke und kehren Sie als alter Mensch ganz in Ihre körperliche Wahrnehmung zurück. Spüren Sie, wie Sie jünger und jünger werden. Ihre Haut strafft und glättet sich, Ihr Haar gewinnt Farbe und Struktur zurück. Ihre Muskulatur regeneriert sich, Ihr Körper gewinnt seine Kraft zurück, bis Sie wieder in Ihrem aktuellen Körper in Ihrem Raum angekommen sind.
- Nehmen Sie ein paar tiefe Atemzüge und beginnen Sie, Zehen und Finger zu bewegen. Räkeln und dehnen Sie sich ausgiebig, gähnen Sie, wenn Ihnen danach ist, und kommen Sie so in Ihrem Zeitmaß wieder im Hier und Jetzt an.
- Die nächste Übung des kreativen Dokumentierens schließt sich gleich an (siehe Seite 141 f.). ◄

Sollten in Ihrer Trance Bilder negativer Ereignisse auftauchen, signalisieren Sie Ihrem Unterbewussten, dass auch dieses Erlebnis zu Ihnen gehört. Aber für diese 20 oder 40 Minuten möchten Sie sich auf lichte Erfahrungen konzentrieren. Anschließend werden Sie sich dem weniger angenehmen Ereignis zuwenden, in dem Sie sich beispielsweise einem Menschen, privat oder in einem professionellen Rahmen, anvertrauen. Jetzt lenken Sie den Fokus wieder auf positive Bilder. Das funktioniert! Wenn Sie auf Ihrer Reise allerdings Angst bekommen oder sich nicht wohlfühlen, brechen Sie die Erfahrung ab. Vielleicht ist es einfach nicht Ihre Methode, vielleicht hilft Ihnen das Colour Diving (siehe Seite 149 ff.) als Alternative oder vielleicht geht es zu einem späteren Zeitpunkt besser.

Schwierigkeiten mit der Trance?

Wie ist es Ihnen auf der Reise ergangen? Für die meisten ist sie eine äußerst berührende Erfahrung. Wenn Sie sie zu Hause anwenden, kann es unter Umständen sein, dass sie nicht gleich in voller Gänze funktioniert. Nicht immer bringt das innere Reisen durchschlagende Erfolge. Wie meine Klientin Iris Möker sagte: »Auch Reisen will gelernt sein.« Lassen Sie sich nicht entmutigen. Arbeiten Sie mit dem, was Sie erlebt haben. Nehmen Sie das als Botschaft und gehen Sie in den nächsten Schritten erst einmal damit voran. Oft zeigen sich dabei erstaunliche Erkenntnisse.

■ Im Nachhinein weiß ich, dass mein Verstand die Traumreise beeinflusst hat. ... Heute ist mir klar: Ich hatte mir eine Zukunft zurechtgelegt, die mir zu dem Zeitpunkt erreichbar schien und auf dem Weg weiterführte, den ich bereits beschlossen hatte zu gehen. Aber tief in meinem Inneren schlummerten ganz andere Wünsche und Träume, die ich mir einfach nicht eingestehen wollte aus Angst, sie nie zu erreichen.

IRIS MÖKER ■

Vielleicht ist Ihnen Ihr Verstand in die Quere gekommen und hat Erfahrungen abgewehrt? Das erlebe ich auch in der Praxis mit Klienten. Doch allein schon, sich klarzumachen, dass man sich einschränkt, dass man zu klein denkt, zu ängstlich, ist ein wertvolles Ergebnis der Trancearbeit. Der Horizont weitet sich bereits, wenn man merkt, dass man ihn bislang zu eng gezeichnet hatte. Es entsteht eine Offenheit, auch für das Träumen, das man dann auf andere Weise herzlicher ins Leben einladen wird.

Natürlich entsteht unter Umständen die Sehnsucht, es noch einmal versuchen zu können. Ich selbst habe die Reise im Laufe der Zeit nur einmal mit einer Klientin wiederholt, allerdings Jahre später. Eine solche Wiederholung ist sicher auch im Selbstcoaching möglich. Anraten würde ich sie nicht. Es hat meines Erachtens gute Gründe, wenn sich auf diesem Wege etwas nicht zeigt. Eher empfehlenswert erscheint mir an dieser Stelle, auf andere Möglichkeiten der Visionssuche zuzugreifen.

Viele wehren sich anfangs gegen die Traumreise, finden es albern und befremdlich, dazuliegen und sich von meiner Stimme so ein bisschen in den Dämmer wiegen zu lassen. Wir sind so etwas einfach nicht gewohnt, erleben es im Alltag nicht, viele niemals in ihrem Leben. Daher die anfängliche Skepsis der Ratio. Irgendwann aber beginnt die Trance zu wirken − und dann kommt das faszinierte Erstaunen.

■ Meine Augen sind geschlossen. Morrien spricht monoton. G a n z   g l e i c h m ä ß i g. Gähn. Nein, ich schlafe nicht ein. Gleichmäßig atme ich ein − und aus. Morrien redet langsam weiter. Ich frage mich, was ich zum Teufel auf dieser Couch mache und wie dieser Hokuspokus funktionieren soll. Morrien spricht weiter wie in einem schlechten Film. Ich gähne. Ich höre wieder auf ihre Stimme und denke nicht wirklich nach. Plötzlich antwortet mein Gehirn von selbst auf ihre Fragen. Und zwar mit Bildern, die schlagartig vor mir auftauchen.

Tagtraumbild eins, mein 65. Geburtstag: Ich trage vor mir einen Bauch und darüber einen gelben Pullover. Ich stehe unter einem Baum, blicke auf Berge, deren Spitzen sich in einem kleinen See spiegeln. Dazu: warmes, goldenes Nachmittagslicht. Auf unverschämt sattem Grün steht eine lange weiße Tafel. Um mich: Freunde. Familie. Kindergeschrei. Von diesem Geburtstag ausgehend laufe ich in Siebenjahresschritten zurück durch mein Leben. Kai als 58-Jähriger: Alte Oper Frankfurt. Ich kriege eine Auszeichnung für mein Schaffen. Applaus. Danke. Kai als 51-Jähriger: Ich schippere mit einem netten Segelboot alpensüdseitig mit lebhafter und hübscher Frau über einen großen See. Kai als 44-Jähriger: Altbaubüro; vermutlich in Hamburg-Eppendorf. Mir prosten rund zehn meiner (meiner!) Mitarbeiter zufrieden zu. Kai als 37-Jähriger: Habe mir früher freigenommen. Hole Sohnemann an einem sonnigen Nachmittag aus einem Kindergarten in München-Neuhausen und verpacke ihn auf dem Kindersitz.

KAI OPPEL ■

Es freut mich ganz besonders, dass bei Herrn Oppel mittlerweile – und früher als imaginiert – zwei Bilder der Reise Realität geworden sind, Dinge, die damals noch nicht bewusst geplant waren: Er ist Vater geworden und hat sich mit einer Agentur für Öffentlichkeitsarbeit am Markt etabliert.

Manche sind erst einmal mit dem, was sie sehen, nicht zufrieden. Oftmals erkennen sie dann aber im Gespräch mit mir, inwieweit das Visionierte mit ihnen zu tun hat – und warum es durchaus Sinn macht, sich damit zu befassen und es als positiv nutzbares Potenzial zu erkennen.

■ Für einen wichtigen Teil meines Lebens stand mir nur Leere gegenüber, bevor dann in den späteren Jahren wieder Bilder auftauchten. Das war eine Überraschung.

Diese Leere rief Unbehagen und Frustration in mir hervor. Ein Grund für das Coaching war, dass ich nicht wusste, wohin es mittelfristig gehen sollte. Ich musste mich zuerst mit diesem Unbehagen auseinandersetzen und es akzeptieren, bevor ich sehen konnte, was ich schon geahnt hatte: Diese Leere ist mein Leben. Mir gefallen das Unbekannte und das Ungeplante. Es macht mir Spaß, ohne Karte auf eine Wanderung zu gehen und einen Weg selbst zu finden. Ich verliere mich gern in den Straßen einer fremden Stadt, um dann irgendwie wieder an einen mir bekannten Ort zu kommen. Ich liebe es, Projekte zu übernehmen, in denen einiges im Argen liegt. Ich freue mich auf Ferien, in denen nicht mehr als die wichtigsten Eckdaten im Voraus geplant sind.

Das alles wusste ich schon. Und ich ahnte, dass es mir mit meinem Leben gleich geht. Aber erst jetzt konnte ich es sehen. Erst jetzt wurde mir klar, dass ich diese Freiheit, dieses Offene brauche, um mich zu entfalten. Mein Leben hat keinen Masterplan. Ich habe breite Interessen und darf ihnen folgen. Ich will ihnen folgen.

ROGNER VAN DELFT ■

Traumbilder und Realität

Es geht um Vision. Diese zweite Phase des Coachings ist dafür da, dass wir unsere Ziele erkennen, unsere tiefsten Wünsche und Sehnsüchte, das, wofür es sich in der kommenden Zeit wirklich zu leben und einzustehen lohnt. Für einige ist das tatsächlich etwas gänzlich Neues. Sie machen ihr bisheriges Hobby zum Beruf, trauen sich endlich in die Selbstständigkeit, von der sie so lange schon träumen, oder klären im Argen liegende Dinge im Unternehmen, um das Arbeitsleben dort wieder lohnend und produktiv zu machen.

Manchen wird aber in der Auswertung der Traumreise auch bewusst, wie nah sie ihren Träumen bereits gekommen sind. Schritt für Schritt bewegten sie sich in ihrem beruflichen Dasein voran, gaben ihr Bestes, erlebten Freude und Frust, Erfüllung und Stress – vor allem aber: Alltag. Und in dessen Grau verschwamm die Wahrnehmung dafür, dass sie bereits ihren Traumjob machten – und ihn gut machten.

Bei Stefan Müller war es beispielsweise so. Als langjährig erfolgreicher Autor für Comedy- und Unterhaltungssendungen – er arbeitet unter anderem für Harald Schmidt und Stefan Raab – mag er von Außenstehenden immer wieder verdeutlicht bekommen haben, dass er etwas Supertolles tut. Er aber lebte in der Innensicht und kannte auch all die Zwänge, die damit verbunden sind. Als ausschlaggebenden Grund dafür, sich für eine Beratung anzumelden, beschreibt er diesen: »Meine Leidenschaft hatte sich schlicht aufgebraucht.« Er war es gewohnt, die kreativen Ergebnisse unter Schmerzen »zu gebären«, er hatte keine Idee davon, dass es auch anders gehen könnte, ohne dass seine Arbeit an Qualität verliert. Beim Coaching entdeckte er dann etwas ganz Wesentliches, das ihm zuvor nicht bewusst war:

■ Ich sah mich Romane produzieren, ein eigenes Haus auf dem Land beziehen. Ich sah mich – endlich mit einem eigenen Hund –

die Wälder erkunden, wurde an meinem 60. Geburtstag von meiner Frau mit einer Grillparty überrascht und schwamm noch als knapp 80-Jähriger allmorgendlich meine Bahnen. Vielleicht nicht mehr ganz so kraftvoll. Aber vital, pulsierend, verliebt.

In der anschließenden Analyse war ich weniger überrascht von der Detailfreude der einzelnen Bilder. Vielmehr hatte es mir die Klarheit des Zukünftigen angetan. Das waren meine möglichen Ziele? Das waren die damit verbundenen Gefühle? Wovor hatte ich Angst? Aus welcher überholungsbedürftigen Quelle speisten sich meine Sorgen? Und wo zur Hölle waren die ganzen Schmerzen?!

Es war eindrucksvoll, von Frau Morrien wieder sanft auf den Boden der Tatsachen gelotst zu werden. Eindrucksvoll vor allem deshalb, weil ich auf dem Boden erkannte, wie niedrig ich geflogen war. Und wie nah ich meinen möglichen Zukunftszielen in der Gegenwart bereits gekommen war. Vergangenheit, Gegenwart und Zukunft waren auf einer einzigen Reise fassbar geworden. Hatten sich verdeutlicht. Und waren plötzlich so schlüssig, hatten aufeinander aufgebaut und waren so homogen auseinander hervorgegangen, dass mir nur ein Fazit blieb: Die Vergangenheit hatte sich in logischen Schritten zur Gegenwart entwickelt, dass es ein Leichtes – oder doch wenigstens ein zu Bewältigendes – sein müsste, ebenso logisch auch die Zukunft anzugehen. Und für dieses Ziel gingen wir im nächsten Coaching-Schritt die Strategie an. Fröhlich, mutvoll, erleichtert.

Die Gegenwart hatte ich ja bereits »geschafft« – und im Überblick schien sie mir um so vieles erstrebenswerter, erfolgreicher, glücklicher. Das war ich? Das war mein Weg? Dornröschen konnte nicht beeindruckter wachgeküsst worden sein. Endlich war ich in der Situation, die ich doch eigentlich für mein Ziel gehalten hatte: Ich war zufrieden und zuversichtlich. In der Gegenwart.

STEFAN MÜLLER ■

Das Romanschreiben übrigens ist seither schon nachlesbare Realität geworden. Sehr erfolgreich läuft bereits das mit seiner Frau Patricia Eckermann verfasste Buch *Wir vom Neptunplatz*. So mancher Klient entdeckt eine Zukunftsperspektive, die er zwar im Augenblick noch nicht umsetzen möchte. Aber sie dient ihm fortan als mentaler Leuchtturm der Orientierung und beeinflusst damit alle aktuellen Entscheidungen. Um die tatsächliche Realisierung muss es dann noch gar nicht gehen, die kann zu einem späteren Zeitpunkt anvisiert werden. Aber sie bereitet sich schon aktiv vor – beispielsweise, indem Geld für ein Sabbatjahr gespart wird.

Die Bilder festhalten

Was geschieht nun weiter? Wie wird mit dem ungeheuren Potenzial der Traumbilder umgegangen? Es ist klar, dass es rasch verfliegen würde – beinahe so wie nächtliche Träume am Morgen –, wenn es nicht noch einmal sehr dezidiert ins Bewusstsein gehoben und auf irgendeine Weise verankert würde. Und genau das rege ich auf eine Weise an, die Kai Oppel hier anspricht:

■ Nachdem mich Morrien zum Rentner gemacht hat, der gelassen auf sein Leben geblickt hat, holt sie mich zurück in ihren Beratungsraum. Dort male ich anschließend kleine Bilder zu meinen Tagträumen, denen ich Überschriften geben muss.

KAI OPPEL ■

Sobald die Klienten aus der inneren Reise wieder ins Alltagsbewusstsein aufgetaucht sind, bitte ich sie, ihre Erfahrungen auf große Bögen Papier zu bringen – kreative Visualisierung als gemalte Skizze, mit Situationen zu jeder Episode. Bewährt haben sich ein DIN-A2- oder zwei DIN-A3-Bögen, an der langen Seite zusammengeklebt. Unten eine Zeitlinie mit den bereisten Siebenerabschnitten – und los kann es gehen. Zu jeder Phase wird dokumentiert, was das Wesentliche an dem (wieder)erlebten schönen Moment war. Es ist dabei gänzlich unwichtig, ob jemand gut malen oder zeichnen kann, es geht darum, eine sichtbare Erinnerung an die Reise zu schaffen. Wann immer man das Bild später sehen wird, wird man sich erinnern können, welche Eindrücke die P/Review hervorgebracht hat. Kunstwerke müssen dabei nicht entstehen, aber sie können es natürlich, wenn jemand dafür begabt ist und entsprechend Zeit und Herzblut investiert.

Noch frisch nach der Reise sollte es allerdings auch zum zweiten Schritt der Nachbereitung kommen: Jedem Abschnitt und auch dem Geburtstag am Ende der Erfahrung wird ein Titel gegeben. Das können wieder die ausführlichen Worddroppings sein oder kurze Benennungen dessen, was das Wesentliche hierzu ist. Kein langes Grübeln, einfach aus dem Bauch heraus werden diese Titel ins Bild eingefügt. Dazu kommt ein – diesmal wirklich ausführlicher – Titel für das gesamte Bild.

Kreativ dokumentieren – visuell und verbal

▶ Unmittelbar nach Ihrer P/Review-Erfahrung nehmen Sie Papier und farbige Stifte zur Hand und beginnen, die Essenz der Erlebnisse im Bewusstsein zu verankern, indem Sie sie aufmalen. Ziehen Sie unten auf dem möglichst großen Blatt die Zeitlinie, die Sie in die Siebenerschritte unterteilen, die Sie bereist haben.

Jede Phase erhält nun frei aus dem Bauch heraus ein Bild oder auch Symbol dessen, was Sie dort erlebt haben. Auch die Geburtstagssituation am Ende erhält eine Darstellung. Gehen Sie entspannt heran und kümmern Sie sich nicht allzu sehr darum, ob die Bilder »schön« werden. Malen Sie beherzt, mutig wie ein Kind und im guten Gefühl der eben gemachten Erfahrung.

Geben Sie den einzelnen Phasen nun Bezeichnungen: knappe Titel oder auch ganze Sätze. Überlegen Sie nicht, sondern schreiben Sie das auf, was Ihnen dazu als Erstes in den Sinn kommt. Las-

sen Sie das immer noch leichter als sonst zugängliche Unterbewusstsein weiterwirken. So erhalten Sie die hilfreichsten, weil oft
unerwarteten Antworten. Lassen Sie sich überraschen.

Geben Sie dem gesamten Bild nun einen Titel, den Sie dann in
der Form des »… oder wie/warum ich …, indem ich …, um zu …«
erweitern. ◄

■ Zum ersten Mal erkannte ich den roten Faden, der sich durch
mein Leben zieht. Mit einem Mal wurden mir die Zusammenhänge deutlich – Situationen und Erlebnisse, die mich zu der Persönlichkeit reifen ließen, die ich bin. Die Frage, ob ich mich um
den Redakteursjob überhaupt bewerben solle, war nun völlig
überflüssig geworden. Sie stellte sich mir nicht mehr. Es war mir
so glasklar, dass ich in einer Festanstellung als Redakteurin meiner eigentlichen Bestimmung und damit auch meinem Leben da-
vonlaufen würde. Es hieße, meine Freiheit, mein Glück, meine
Zufriedenheit und meine vielen Möglichkeiten einzutauschen
um einer trügerischen Sicherheit willen. Ich erkannte sogar noch
mehr, als ich auf das Ergebnis meiner Traumreise blickte: Ich
wusste nicht nur, dass ich wie bisher schreiben, sondern dass ich
mich verstärkt aufs *Bücherschreiben* konzentrieren wollte.

KATHRIN WAGNER ■

Mit all diesen Schritten wird die Erfahrung der P/Review, die ja
zunächst ausschließlich eine innere war, ins Außen gebracht. Auch
dabei aber bleibt das Unterbewusstsein sehr aktiv und kann sich,
wenn wir das zulassen, einbringen. Es geht also nicht darum, über
die inneren Bilder nachzudenken und aus der Analyse heraus etwas zu malen und zu benennen. Das hieße, sie gleich wieder in
den deutlich engeren Rahmen dessen zu pressen, was wir bereits
wissen und für richtig, gut und realistisch halten. Vielmehr geht es
um das spielerische Zulassen all dessen, was sich weiterhin zeigen
wird. Beinahe alle KlientInnen sind erstaunt darüber, was sich auf

ihrem Zeichenblock so nach und nach darstellt und welche Worte sie den Bildern dann geben. Genießen Sie also den Prozess.

DreamGuidance sucht insbesondere einen Zugang zum Neuen, zum bislang nicht Wahrgenommenen. Unsere alltägliche Wahrnehmung hingegen fokussiert sich zu 80 Prozent auf bereits Bekanntes, das unsere inneren Konzepte bestätigt. Die 20 Prozent an Neuem, die wir bemerken, sind dagegen ein erschreckend kleiner Bereich. Mit Methoden wie der P/Review orientieren wir uns auf diese 20 Prozent Potenzial. Es lohnt durchaus und nicht nur in Krisen, eine gesunde Skepsis gegenüber den sich immer wiederholenden geistigen Routinen und Gewissheiten – im Positiven wie im Negativen – an den Tag zu legen. Beim Herausfiltern einer Vision, für die es sich zu leben lohnt, machen wir uns das bewusst, was auch stets da war, aber nicht bemerkt wurde.

KENNEN HEISST WIEDERERKENNEN
Unsere Wahrnehmung ist zu 80 % dominiert von dem, was schon in unserem Kopf ist, gegenüber 20 % neuen Informationen.

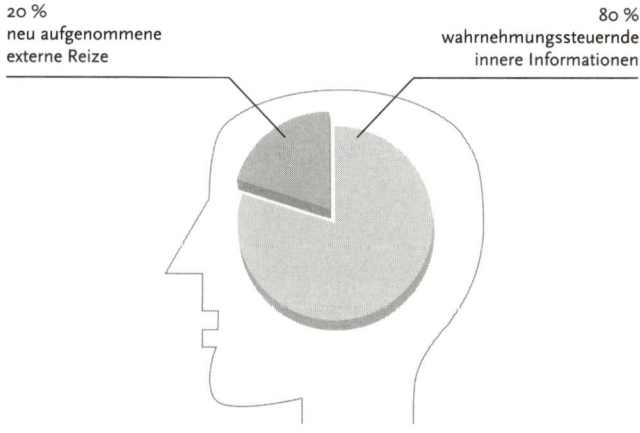

20 %
neu aufgenommene
externe Reize

80 %
wahrnehmungssteuernde
innere Informationen

Zahlenquelle: Mokka Müller: *Das vierte Feld. Die Bio-Logik der neuen Führungs-Elite*, München: Econ 2001

■ Denn – so viel war mir schon während des Studiums klar geworden – fast immer, wenn ich wusste, was ich wollte, habe ich Wege gefunden, dies auch zu erreichen.

JULIA C. SUCK ■

Sich selbst ernst nehmen

Wesentlich an der P/Review ist, sich und seine Träume ernst zu nehmen. Nicht selten zeigen sich auf der inneren Reise in der Zukunft Bilder von einer Tätigkeit, die sich derjenige bereits als Kind erträumt hat und an die er vielleicht heimlich bis heute manchmal dachte. Heimlich deshalb, weil er schon damals dafür ausgelacht und an den Ernst des Lebens erinnert wurde oder weil er auch aktuell glaubt, dass diese ein unrealistischer Wunschtraum ist, den er besser vergessen sollte. Und nun taucht er wieder auf.

Es gibt viele Wege, damit umzugehen – und die nächsten Übungsschritte werden das deutlicher werden lassen. Jetzt nur so viel: Begegnen Ihnen solche Bilder, lassen Sie sie einfach für sich stehen. Analysieren und bewerten Sie sie möglichst nicht. Spüren Sie den guten Gefühlen nach, die diese Bilder möglicherweise in Ihnen ausgelöst haben. Vielleicht wird das Folgende eine große Vision und den Mut zur tatsächlichen Umsetzung in Ihnen hervorrufen. Vielleicht stehen die Eindrücke aber auch sinnbildlich für etwas, das Sie sehr wohl in Ihrem Leben umsetzen können, ohne alles Bestehende über den Haufen werfen zu müssen. Bleiben Sie dran und lassen Sie sich überraschen. Und in jedem Fall: Nehmen Sie sich und Ihre »inneren Kontinente« ernst.

■ Umso erstaunlicher, mit welcher Klarheit Bilder, Situationen und Lebensabschnitte auftauchten – und auch, welche. Der gewagte Blick in die Zukunft hat Wünsche von mir gezeigt, die mir zum Teil schon bewusst waren. Der große Unterschied war allerdings, dass dies zuvor eher vage Vorstellungen von Wünschen oder Träumen waren, mir aber der Mut fehlte, sie zu äußern, geschweige denn sie ernst zu nehmen.

Davon durfte ich mich nun verabschieden! Denn mir saß ein erfahrener Coaching-Profi gegenüber, der gar nicht daran dachte, zu zweifeln, infrage zu stellen, zu kritisieren. Im Gegenteil: Birgitt Morrien griff die Vision positiv auf und nahm sie als solche »einfach« ernst. Und ich kam nicht umhin, dieses – aller kleinen inneren Teufel zum Trotz – als Möglichkeit einzubeziehen: Warum eigentlich nicht das ernst nehmen, was mir in der mentalen Zeitreise einen so gelungenen Ausblick in die Zukunft eröffnet hatte?

Dabei geht es für mich nicht darum, mich an diese Visionen zu klammern und daran festzuhalten. Vielmehr ermöglicht das »Ernstnehmen« dieser Vorstellungen, mögliche Ziele und Handlungsprinzipien als Leitfaden für die weitere (berufliche) Entwicklung anzunehmen. Denn diese stehen für sich und gleichzeitig stellvertretend für Wünsche und eine Art und Weise, Leben und Arbeit zu gestalten. Darüber kann ich mir die notwendige Offenheit für das, »was passiert, während man Pläne schmiedet«, und zugleich ebenso Orientierung für die Verfolgung meiner Ziele erschließen.

JULIA C. SUCK ■

Die Zielableitung

Mittlerweile ist eine ganze Menge passiert. Nicht nur die P/Review ist erlebt worden, davor gab es in der Phase der Bestandsaufnahme die Map of Balance, das Genogramm, die Lebensmaximen, die Erfolgsprinzipien, die Kontaktfeldanalyse – alles Techniken, die bereits etwas in den KlientInnen beziehungsweise in Ihnen im Selbstcoaching bewegt haben. Nun wird es Zeit, Ziele zu formulieren. Wenn ich das sage, bekommen viele einen Schreck: Jetzt also soll ich konkret sagen, was ich in der Zukunft will?!

Keine Sorge, wir bedienen uns auch hier einer einfachen Technik, die beinahe schematisch funktioniert und genau das hervorlockt, was jetzt wichtig ist. Je weniger Sie auch dabei denken, umso leichter werden Sie sich tun. Bis zu dieser Stelle haben Sie bereits häufiger Informationen aus dem Unterbewusstsein hervorgelockt. Vertrauen Sie weiterhin darauf, dass sich die momentan genau passenden Details zeigen werden.

Wir arbeiten anhand Ihres P/Review-Bildes weiter, dem Sie mittlerweile ja Titel für die einzelnen Phasen gegeben haben. Suchen Sie nun die Etappe heraus, die Ihre nächste Zukunft darstellt. Das wird meist die Phase nach der aktuellen sein. Sind Sie beispielsweise aktuell 41 Jahre alt, nehmen Sie die Siebenerphase ab 42. Stehen Sie allerdings ganz am Anfang einer solchen Phase, weil sie beispielsweise 50 sind, können Sie auch mit der aktuellen Etappe weitermachen. Wichtig ist, dass Ihr Bild das Neue symbolisiert, dass das, was Sie in diesem Zeitabschnitt erlebt haben und nun umsetzen wollen, zukunftsweisend ist.

Zielableitung
▶ So leiten Sie Ihre Ziele ab:

- Notieren Sie den Titel der Phase, die vor Ihnen liegt, auf ein Extrablatt.
- Fahren Sie nun mit der bereits bekannten Übung des Worddroping fort. Bauen Sie also den Titel der Lebensetappe zu einem langen Satz aus: »… oder wie ich …, indem ich …, daran zu erkennen, dass ich …, was mir ermöglicht, dass ich …« Wählen Sie auch die Verbindungen zwischen den Satzteilen spontan. Es ist Ihr Satz, alles ist möglich. Lassen Sie den Satz so lang werden, bis Sie das Gefühl haben, dass er stimmig ist, dass Sie zu der Aussage gekommen sind: Ja, ich bin zufrieden und glücklich.

- Unterstreichen Sie nun all die von Ihnen eingefügten Satzteile, also all die Aussagen, die Sie ergänzt haben.
- Formulieren Sie aus diesen Fragmenten jeweils knappe, ganze Sätze. Auf drei, vier, vielleicht sogar zehn Sätze könnten Sie dabei kommen.
- Wenn diese Sätze in der etwas vagen Kann-Form gehalten sind, sollten Sie sie nun noch einmal umformulieren, sodass Sie am Ende in der Gegenwartsform formulierte präzise Ich-Aussagen auf Ihrem Blatt stehen haben: Ihre Ziele. ◄

Am besten wird dieser Vorgang sicherlich am Beispiel plausibel. Anhand von zwei KlientInnen möchte ich hier bis zur Formulierung der konkreten Ziele in der dritten Coaching-Phase diesen Prozess veranschaulichen.

Zunächst Sebastian Bohlan, ein 33-jähriger Mann, der seinem Erleben der aktuellen Phase den Namen »Schwung holen« gab. Er merkte, dass er dies noch gar nicht in seinem derzeitigen Dasein sehen konnte, und beschloss daher, sich in seinen Zielen dieser Phase und nicht bereits der Etappe ab 36 zu widmen. Er notierte:

Schwung holen
oder wie ich lernte, mich hoch hinauszuwagen, indem ich endlich den Hintern bewegte, weil ich begriffen habe, dass ich selbst meines Glückes Schmied bin, was mir ermöglichte, nun auch glücklich zu werden.

1. Ich wage mich hoch hinaus.
2. Ich bewege endlich meinen Hintern.
3. Ich bin meines Glückes Schmied.
4. Ich bin glücklich.

Ein anderes Beispiel ist Maria Ghestein, eine 35-jährige PR-Journalistin. Sie sieht sich auf der Reise in einem schönen Büro am

Laptop sitzen und zufrieden aus dem Fenster in einen frühabendlich beleuchteten Baum schauen. Sie erlebt sich als Agenturleiterin gerade im Gefühl, für interessante Kunden gute PR zu machen.

Der zufriedene Blick in den Baum
oder wie ich entdecke, dass ich es kann, daran zu erkennen, dass ich viele und außerdem gut bezahlte Aufträge habe, was bewirkt, dass ich mich immer sicherer fühle, was mir erlaubt, meine Arbeit mit Freude und großem Engagement zu tun, was mich erfüllt und glücklich macht.

1. Ich kann es.
2. Ich habe viele und außerdem gut bezahlte Aufträge.
3. Ich fühle mich immer sicherer.
4. Ich tu meine Arbeit mit Freude und großem Engagement.
5. Ich bin erfüllt und glücklich.

Diese Sätze sind nun die Ziele dieser beiden Klienten. Sie kommen Ihnen seltsam vor? Die Betreffenden wussten ganz genau, was sie damit anfangen können. Sebastian Bohlan hatte sich bislang immer so durchgemogelt, von Job zu Job gehangelt, aber nie ernsthaft etwas angepackt. Während seine Sätze aus ihm heraussprudelten, lachte er die ganze Zeit, da sie so genau zutrafen. »Ich hatte konkret erwartet, meinen Traumjob rauszufinden«, meinte er, »aber es stimmt wohl, ich muss bei mir anfangen, den Hintern bewegen.«

Maria Ghestein hingegen ist in einem mittelständischen Unternehmen angestellt und überlegt seit Langem, ob sie sich selbstständig machen könnte. Sie spürt, dass sie mehr kann, als sie aktuell tut, und sich in den Routinen der aktuellen Arbeitssituation einerseits überfordert (Quantität) und andererseits unterfordert (Qualität) fühlt. Das innere Bild zeigt ihr daher einen sehr deutlichen Ausweg und die abgeleiteten Ziele verdeutlichen einen lohnenden Wandel.

Sehr oft verweisen diese Sätze nicht konkret auf das, was sich die Coachees von der Beratung erwartet haben. Früher oder später aber erweist sich in den allermeisten Fällen, dass der Nagel auf den Kopf getroffen wurde und die Betreffenden sich beim Verfolgen genau dieser Ziele dorthin bewegen, wo sich ihr Potenzial befriedigend ausschöpfen lässt.

Mit der P/Review sind wir sehr tief ins Unbewusste getaucht und haben die schönsten Momente der Zukunft imaginiert. Fast alle kommen beseelt aus dieser Trance zurück. Genau daraus – aus den Eindrücken dieser inneren Zeitreise – die Ziele für das weitere Leben abzuleiten, ist daher nur folgerichtig. Sie umzusetzen wird zur Essenz der schönen Momente führen, die bereits erlebt wurden.

Die Informationen des Unterbewusstseins, die wir in dieser Arbeit abrufen, sorgen immer für Balance. Sie sind auf Ausgleich angelegt und insofern psychohygienisch wirksam sowie auf Nachhaltigkeit ausgerichtet. Wer sehr stark auf Leistung und Disziplin aus ist, erlebt sich meist in Muße, Freizeit und Genuss. Das kann verwundern, liegt aber in der Natur des Ausgleichs. Erst in der gesunden, langfristig tragbaren Balance wird Erfolg möglich, der über eine Art Eintagsfliege hinausreicht. Ist der Ausgleich erfolgt, ändert sich automatisch auch der Radar: Wir bemerken andere Dinge in unserem Umfeld, es erschließen sich andere Felder der Wirksamkeit und wir ziehen damit Stimmigeres in unser Leben.

Colour Diving

Bevor wir mit den abgeleiteten Zielen zur dritten Phase, der Strategie, weitergehen, möchte ich Ihnen ein paar weitere Methoden zur Visionssuche und Entscheidungshilfe vorstellen, die sich sehr gut im Selbstcoaching nutzen lassen – im Verbund mit all den Schritten innerhalb der vier Phasen, aber auch allein zwischendurch, wenn Sie etwas Unterstützung und Klärung für sich brauchen.

Die P/Review ist eine etwas aufwendigere Technik, sich über die Zukunft ein erstes, tief im Fühlen und Denken verankertes Bewusstsein zu schaffen. Vielleicht ist Ihnen das momentan zu viel. Dann können Sie auf andere Wege zurückgreifen. In der Wirkung nicht so weitreichend, aber dennoch hilfreich und wirkungsvoll ist das Colour Diving. Dabei taucht man kurz ins eigene Innere, um eine Farbe hervorzuholen, die für eine aktuelle Fragestellung oder die persönliche Vision unterstützend ist.

Eine meditative, möglichst sehr monotone Musik kann Ihnen das Eintauchen in Ihre Farbe erleichtern. Spezielle Trommel-CDs für das schamanische Reisen, insbesondere die von Michael Harner und der Foundation for Shamanic Studies, leise im Hintergrund laufend, eignen sich besonders gut, sie sind für solche Art Reisen gemacht. Das monotone Trommeln, wie es dort zu hören ist, verändert den Bewusstseinszustand, und zwar tatsächlich messbar, wie Untersuchungen wissenschaftlich bewiesen haben. Aber auch in Stille ist die Übung möglich und wirkungsvoll – vor allem, wenn Sie sie rasch zwischendurch zu einem bestimmten Thema, einer konkreten Fragestellung machen.

Colour Diving für die Vision

▶ Setzen Sie sich bequem hin, atmen Sie ein paarmal tief durch.

Fragen Sie sich nun: Welche Farbe steht für das Allerbeste, was die Zukunft in den nächsten Jahren für mich bereithält? Lassen Sie vor Ihrem geistigen Auge die Farbe auftauchen.

Wenn die Farbe da ist, nehmen Sie sie so eindringlich wie möglich wahr. Baden Sie regelrecht darin.

Malen Sie dann eine möglichst große Fläche in Ihrem Farbton auf ein Blatt Papier.

Geben Sie ihr einen Titel und leiten Sie im Sinne des Worddropping einen Satz daraus ab.

Diesen unterteilen Sie wie eben beschrieben in die einzelnen Ziele. ◀

Es empfiehlt sich, den Farbeindruck auch im Alltag einzusetzen: Tragen Sie Kleidung in der entsprechenden Farbe, streichen Sie eine Wand im Schlafzimmer in dem Ton oder baden Sie einfach innerlich so oft wie möglich in dieser Farbe. Achten Sie darauf, welche Assoziationen oder Empfindungen Ihnen immer dann kommen, wenn Sie mit dieser Farbe zu tun haben. Mit den Zielsätzen arbeiten wir dann in der dritten Phase des Coachings weiter.

Klänge zur Inspiration

In meiner Praxis unterstütze ich Techniken wie das Colour Diving gezielt mit Klanginspirationen, meist mithilfe des Monochords, das neben dem Grundklang eine Reihe von Obertönen hörbar werden lässt. Ich bitte die Klienten, sich entspannt hinzulegen oder hinzusetzen und in ihre Farbe einzutauchen oder sich einfach dem hinzugeben, was der Prozess aktuell ans Licht geholt hat. Dann spiele ich intuitiv auf dem Monochord und lasse dazu gegebenenfalls auch stimmliche Klänge zu, die in mir als akustische Resonanz auf das Thema entstehen. Das können widerstreitende Stimmen sein, die einen inneren Konflikt illustrieren, es kann ein Klagen oder Wüten sein, was auch immer gerade zur Fragestellung oder Stimmung im Raum passt. Wenn sich die KlientInnen darauf einlassen, in die Klänge eintauchen können, ermöglicht ihnen das ein ebenso tiefes Eintauchen in ihre Problematik. Sie erleben sie von innen heraus über ein Medium, das ihnen zugleich aber einen Abstand dazu anbietet. Auf diese Weise kann sich ein größeres Bewusstsein über das einstellen, was momentan gegeben ist, und auch darüber, wohin der weitere Lösungsweg führen kann.

Die Eindrücke werden anschließend kreativ dokumentiert und dann gemeinsam reflektiert. Damit ist das Thema nach außen gebracht, was eine Voraussetzung dafür ist, dass man ihm bewusst begegnen kann. Nur was uns nicht bewusst ist, hat uns in der Hand. Das ist das Wesen der Ohnmacht. Was uns bewusst ist, das haben wir in der Hand. Das ist das Wesen der Macht.

Rollenspiele und Traumstellen

Dass mir eine Klientin beschied, Coaching bei mir sei »Action pur«, ist maßgeblich auf die vielen Formen des erlebnisorientierten Arbeitens zurückzuführen. Rollenspiele und Traumstellen gehören zu meinen effektivsten Werkzeugen. Das Prinzip ist im Grunde ganz einfach und lässt sich am Beispiel eben dieser Klientin gut erläutern.

Kathrin Wagner klagte darüber, dass sie sich beim Schreiben oft selbst im Weg stand und ihr stark ausgeprägter Perfektionismus sie geradezu lähme, überhaupt anzufangen. Ich bat sie, diesem Perfektionismus eine Gestalt zu geben – und sofort tauchte ein Panther in ihrem Geist auf: ein großer, schwarzer, drohender Panther, dem sie es nie recht machen konnte. Mit dem nun ließ sich für mich allerdings vortrefflich arbeiten.

Ich bat Frau Wagner, in die Rolle des Panthers zu schlüpfen. Am einfachsten geht so etwas, indem Sie mehrere Stühle aufstellen oder auch Blätter oder Kissen auf dem Boden auslegen. Eines dieser Objekte ist dann die Basis für die zu coachende Person, die anderen stehen für die auftauchenden Figuren wie diesen Panther. Setzt sich Frau Wagner auf den Stuhl des Panthers, wird sie gewissermaßen zum Panther. Sie kann ihn fühlen, als Wesen wahrnehmen, mit seiner Stimme sprechen und sagen, was er will, warum er da ist – und warum noch so bedrohlich.

Im Falle des Panthers verlief die Übung nicht ganz so einfach, er wirkte sehr einschüchternd auf die Klientin, er hatte sie ja nicht umsonst jahrelang gequält und ihr den eigentlich geliebten kreativen Ausdruck schwer gemacht. »Es klingt verrückt, aber ich spüre ihn leibhaftig neben mir.« Umso wichtiger war dann aber die Wandlung, die sich irgendwann doch einstellte: Sie konnte sich den Panther nach und nach zum Freund machen, seine Eleganz sehen, seine Schönheit und majestätische Kraft. Sie konnten sich so weit anfreunden, dass sie sich etwas versprachen: Sie wird auf seine Ratschläge hören, er wird sie nicht mehr unter Druck setzen.

■ Kaum bin ich wieder zu Hause angekommen, finde ich – wie seltsam – in einem Internet-Auktionshaus ein schwarzes, fauchendes, kleines Pantherchen aus Keramik – in seinem Ausdruck und Gehabe genau so, wie ich es in Birgitts Zimmer vor mir gesehen habe. Der Panther ist klein genug, um auf meinem Schreibtisch Platz zu finden, aber groß genug, um ihn nicht zu übersehen. Seit er mich ständig anblickt, bin ich nie wieder dem Perfektionszwang erlegen.

KATHRIN WAGNER ■

»Veränderung geschieht durch Erfahrung, nicht durch Deutung.«[29] Diesen Satz von Matthias Varga von Kibéd und Insa Sparrer kann ich nur bestätigen. Und wie auch die folgenden Beispiele zeigen, sind der Kreativität im Umgang mit diesem Tool keine Grenzen gesetzt. Geben Sie dem, was Sie belastet, ein Gesicht und sprechen Sie mit ihm. Stellen Sie »Angst« und »Wunsch« einander gegenüber und vermitteln Sie zwischen ihnen. Gehen Sie von Stuhl zu Stuhl, von Kissen zu Kissen und versetzen Sie sich in die Beweggründe der einzelnen Seiten. Lauschen Sie, spüren Sie, fragen Sie nach und machen Sie Ihren eigenen Standpunkt und Ihre Wünsche klar. Haben Sie vor einem dieser Anteile Angst, stellen Sie seinen Stuhl ein gutes Stück weg und erspüren, was genau Ihnen da

Angst macht. Wenn man einer Gefahr ins Auge sieht, wirkt sie meist schon weniger bedrohlich. Sie können sich aber auch einen Verbündeten dazuholen: Geben Sie Ihrem Mut eine Gestalt oder lassen Sie den Hund der Familie Ihrer Kindheit wiederauferstehen, wenn er für Sie Freundschaft, Loyalität und Schutz bedeutet.

■ Die kreativen Lockerungstechniken habe ich mir während des Coaching-Prozesses durch Rollenspiele erarbeitet. So durfte ich beispielsweise gleich zweimal in der Morrien-Talkshow auftreten: einmal als der schmerzgeplagte Industrieschreiber aus dem Scherzbergwerk. Einmal als der entspannte, der freie, der hobbymäßige Seelenschreiber. Beide Autoren berichteten aus ihrer Perspektive über ihre Tätigkeit, über Spaß und Befriedigung, über Aufwand und Effekt, über Schmerz und Genuss. Über Selbstbewusstsein und Selbstwert. Ein einfaches Rollenspiel – und gleichzeitig eine so umfassend erhellende Gegenüberstellung meiner beiden Autorenpersönlichkeiten, dass es einem von außen fast vorkommen musste wie eine multiple Persönlichkeitsspaltung. Doch »von außen« beobachtete nur Frau Morrien mit dem ihr so eigenen wachen, analytischen, empathischen und vor allem konstruktiven Blick.

Sie sorgte schließlich auch für den entscheidenden Impuls in diesem Rollenspiel: Der so viel jüngere, naivere »Seelenschreiber« durfte dem alten, ebenso erfahrenen wie festgefahrenen Fernsehschreiber Tipps geben, wie er seinen Arbeitsalltag gelockerter, zielstrebiger und effektiver gestalten könnte. Und genau dieser Effekt ist eingetreten. Ich will nicht leugnen, dass ich noch heute in vielen Momenten extrem angespannt schreibe, wenn es auf eine Deadline zugeht. Die Anspannung stellt sich jedoch maximal ein, zwei Tage vor Abgabe ein. Und nicht mehr beim Startschuss oder sogar noch davor, wie es früher oft der Fall war.

STEFAN MÜLLER ■

Dass sich solche Techniken auch bei Menschen des eigenen Umfeldes anwenden lassen und dabei sehr viel Klärung bewirken
können, beweisen systemische Aufstellungen etwa von Familien
nach Bert Hellinger und die Arbeit mit der Familienskulptur nach
Virginia Satir. Das gilt ebenso für Aufstellungen von Organisationen und Teams im Rahmen der Unternehmensberatung nach
Gunthard Weber oder für systemische Strukturaufstellungen wie
etwa von Drehbüchern nach Matthias Varga von Kibéd und Insa
Sparrer.

In einer einfachen Form – ohne dass Sie dafür andere Personen
brauchen, die Sie aufstellen – können Sie damit auch an zwischen-
menschliche Probleme herangehen. Für Dialoge eignet sich etwa
der »leere Stuhl« aus der Gestalttherapie.

Der leere Stuhl – ein klärendes »Gespräch«

▶ Stellen Sie zwei Stühle auf. Setzen Sie die andere, imaginär an-
wesende Person, mit der Sie Schwierigkeiten haben, auf den einen
Stuhl und nehmen Sie selbst auf dem anderen Platz. Unterhalten
Sie sich mit ihr. Legen Sie Ihren Standpunkt klar und setzen Sie
sich dann auf ihren Platz. Fühlen Sie sich in die Person ein und
lassen Sie sie ihre Sichtweise schildern. Beide Seiten können dabei
durchaus unsachlich und emotional sein – was raus will, sollte
raus. Bleiben Sie nur bewusst für das, was geschieht – und was sich
vielleicht auch wandelt. ◀

Stefanie Hennigfeld kam zu einem unserer Beratungstermine sehr
wütend, da es zwischen ihr und einer Kollegin Probleme gab. Ich
moderierte das »Gespräch« zwischen beiden. Frau Hennigfeld ließ
der (nicht anwesenden) Frau gegenüber erst mal ordentlich Dampf
ab und wechselte dann die Seite. Auch dort wurde intensiv Frust
geäußert. Es ging ein paarmal hin und her, bis es ruhiger wurde.
Und dann?

▪ Mich durch ihre Augen zu sehen, hat mir in gewisser Weise die Augen geöffnet und meine unbändige Wut hatte sich aufgelöst. Na ja, dachte ich mir, als ich später nach Hause fuhr, das war jetzt wohl eine Trockenübung, mal sehen, wie ich das im »richtigen« Leben umsetzen kann. Und jetzt kam die Überraschung: Am nächsten Morgen, ich war entspannt und gut gelaunt, erschien just jene Kollegin in meinem Büro, ich spürte keinerlei Anspannung und wir unterhielten uns über anstehende Themen und Probleme und kamen zu vielen Einigungen. Selbst wenn ich sie danach auch nicht mehr mochte als zuvor und auch nicht mehr von ihrer Kompetenz hielt, meine Einstellung ihr gegenüber hatte sich verändert – und möglicherweise hat sie das gespürt. So einfach kann es also gehen. ... Ich war sehr beeindruckt.

STEFANIE HENNIGFELD ▪

Das Traumstellen arbeitet mit den gleichen Mechanismen, aufbauend aber auf einem Traumerleben, das im Wachzustand nachgestellt wird, um die Essenz der Thematik für die oder den Betreffenden freizulegen und nutzbar zu machen. Eindrücklich lässt sich das am Beispiel von Henrik Jäger beschreiben, der mir folgenden Traum schilderte (und auch für dieses Buch zur Verfügung stellte). Als wissenschaftlich tätiger Mensch träumte er in diesem »großen Traum« etwas für ihn Wesentliches aus dem Bereich der modernen Forschung:

▪ Ich kam (im Traum) in eine Fabrikhalle, eine Halle, in der Akademiker »geschmiedet wurden«. Die Anwärter sah ich durch ein großes Tor kommen, sie kamen in die Halle und wurden hinter einer zweiten Tür von Arbeitern in Riesenbottiche gestürzt, in denen sie auf 1 000 Grad erhitzt und zu flüssiger Menschenmasse wurden. Die Arbeiter rührten mit großen Löffeln in der Flüssigkeit, und mich wunderte, wo die Knochen geblieben waren.

Nach dem Schmelzen wurde die Flüssigkeit gleichmäßig in kleine Metallgefäße in quadratischer Form eingefüllt, die auf einem Fließband in einen Kühlraum weitertransportiert wurden. Ich konnte dem Ganzen zusehen, weil ich mich unsichtbar gemacht hatte, erinnerte mich aber nach dem Aufwachen, dass ich entsetzliche Angst hatte, entdeckt zu werden. Ich fing schon im Traum an, über den Traum nachzudenken, und mir wurde eine Facette der Bedeutung dabei schon ganz klar: Die Wissenschaftler in spe sollten unbedingt von allem eigenen Erleben und Nachdenken abgeschnitten werden, dadurch wurden sie im Schmelzvorgang zu einer einzigen Suppe verkocht, sodass allein auch aufgrund der Hitze kein Einziger mehr einen eigenen Gedanken hegen konnte.

HENRIK JÄGER ■

Da ihn dieser Traum stark beschäftigte und er mit den Themen, um die es in der Beratung ging, eng zusammenhing – nicht umsonst träumte er es ja in genau der gleichen Zeit –, gingen wir tiefer darauf ein. Wir extrahierten zunächst all die entscheidenden Elemente: die verflüssigten Menschen, die Fabrikhalle, die Atmosphäre, die Akademiker in spe, die Bottiche, die Arbeiter … und »eine vergessene Größe«, die ihm hellblau erschien wie der Himmel, »der Garant, dass es außer dieser ›Hölle‹ noch etwas ganz anderes gibt, den Garant der Freiheit«.

Ich bat Herrn Jäger, wesentliche Elemente »nachzuspielen«, in die entsprechenden Felder einzutauchen, sie in vollem Umfang wahrzunehmen, auszuagieren und sich so den für ihn wesentlichen Gehalt darin bewusst zu machen. Am Ende des Prozesses stand ein Satz, sein Satz:

■ Der charmante Umgang mit der Hölle – oder wie ich gesehen habe, wie Wissenschaftler in Form gegossen werden, was mir ermöglicht, dass ich meinen Ängsten Vertrauen schenke, indem ich ihren Wirklichkeitsgehalt ernst nehme, was dazu führt, dass ich die Hölle verlassen kann, und was mir erlaubt, mich frei und glücklich zu fühlen.

HENRIK JÄGER ■

Ungewöhnliche Entscheidungshilfen

Oft stehen wir vor privaten oder beruflich relevanten Entscheidungen – und wissen nicht recht weiter. Genau das ist ja häufig der Grund dafür, dass man ein Coaching beginnt. Sie haben nun schon eine ganze Reihe von Techniken kennengelernt, mit sich selbst und dem eigenen Potenzial in einen so tiefen Kontakt zu kommen, dass sich daraus ableiten lässt, wohin Sie sich weiterentwickeln wollen. Ich möchte Ihnen an dieser Stelle raten: Nutzen Sie alles, was Sie hier finden, was Sie aus einem anderen Kontext kennen oder irgendwo aufschnappen. Gehen Sie kreativ mit all den Möglichkeiten um, die eine ganzheitliche Untersuchung der eigenen Wünsche und Ziele mit sich bringt. Kreieren Sie neue Wege, sich selbst auf die Schliche zu kommen und zu größerem Glück zu verhelfen.

Und vergessen Sie dabei nicht: Mit dem Denken allein kommen wir nur zu häufig nicht weiter. So wie Maryna Semashkevich, zum Zeitpunkt des Coachings Studentin, die eine für sie schwierige Entscheidung zu treffen hatte und sich dabei schon so viele Gedanken gemacht hatte, dass ich beschloss, ihr eine Methode anzubieten, die gänzlich ohne Denkapparat auskommt. Ich schrieb die drei möglichen Wege, die sie vor sich sah, auf drei Blätter …

■ Also legt Frau Morrien drei Blätter Papier auf den Fußboden. Die darauf festgehaltenen Notizen zeigen zum Boden, sind für mich also nicht sichtbar. … Meine Aufgabe ist es, auf jedem Blatt einige Minuten zu stehen und mich auf meine Gefühle zu konzentrieren. Alles auf dieser Welt, ob lebendig oder nicht, hat eine gewisse energetische Ausstrahlung. Wir können diese Ausstrahlung nicht sehen, aber wir können sie fühlen. Das ist es, was mir Coach Morrien erklärt. Und es stimmt. Auf einem Blatt fühle ich eine ganz starke Energie, die wie ein Strom durch meinen Körper fließt. Ich weiß: Diese Möglichkeit zieht mich am meisten an. Ich fühle ganz sicher, dass dies die richtige Entscheidung für mich ist.

Die Rückseite des von mir gewählten Blattes verrät mir, dass ich eine Möglichkeit will, die etwas Neues, Unbekanntes für mich bereithält. Mir ist klar, dass ich etwas vollkommen Neues anfangen will. Die Entscheidung ist getroffen, und bis jetzt habe ich absolut keinen Zweifel daran.

MARYNA SEMASHKEVICH ▨

III. Strategie – oder wie Sie zu dem werden, was Sie sein wollen

Aus den in der zweiten Phase aus der Vision erarbeiteten Zielen soll nun der konkrete Handlungsplan entwickelt werden. Dabei werden all die bei der Bestandsaufnahme bewusst gemachten Ressourcen neu beleuchtet, Mängel werden auf ihre Überwindung hin untersucht und alle Zeichen auf Start gestellt. Jetzt wo die momentan wesentlichen Schätze aus dem Unterbewusstsein geborgen sind, greifen wir wieder vermehrt auf die Gaben des rationalen Verstandes zurück – dann wirkt bewährtes klassisches Beratungshandwerk.

Etappenziele beleuchten

Anhand der Erlebnisse während der P/Review und dem Bild mitsamt den Worten, die daraus abgeleitet wurden, haben sich die Ziele für die aktuelle oder demnächst beginnende Lebensetappe herauskristallisiert. Sina Vogt fasst aus ihrem Coaching-Bericht sehr schön zusammen, welche Schritte unternommen wurden und wie es weitergeht:

■ Die Zeitreise auf dem Sofa liegend, geleitet von der ruhigen Stimme Birgitt Morriens, die mich als Coach sicher und unaufdringlich durch diese Reise führt ... Zunächst wieder die ... schon erlebten und geleisteten Schritte. Freude am Lernen, Genuss im versunkenen Spiel, Berührung in der Liebe, tanzend Selbstausdruck finden, Wichtiges mit meiner Stimme laut aussprechen, mich feiern lassen und die mir entgegengebrachte Wertschätzung genießen.

Leicht war es mir nun, die Schwelle zur Zukunft zu überschreiten. Mir einen Namen machen, Erfüllung in Liebe und Arbeit, ein Fest der Freundschaft in der Neige des Lebens unter Hochbetagten – so die Vision meiner Erfolge in der Zukunft. Und so einfach ist die Antwort nun: In einigen Jahren habe ich mir einen Namen gemacht. Bei den Leuten, die in meinem Berufsbereich arbeiten, wird mein Werk anerkannt.

Und im nächsten Schritt sind die Zielpläne dann auch einfach: Welche Projekte bearbeite ich gerade, welche stehen in der nahen Zukunft an? Was tue ich schon dafür, welche Unterstützung und von wem muss ich dafür noch einholen, Projekt für Projekt? Lebende Pläne sozusagen, die ich im Berufsalltag fortschreiben kann, mal wirklich auf dem Papier, mal im Kopf.

SINA VOGT ■

Um die Etappenziele klarer zu fassen, ist es zunächst sinnvoll, sie daraufhin zu untersuchen, was zu ihrer Erreichung bereits vorhanden ist und was noch fehlt. Dafür nutze ich in den Beratungen die folgende Tabelle, die sich genauso für das Selbstcoaching eignet:

ZIEL	WAS BRINGE ICH SCHON MIT?	WAS BRAUCHE ICH NOCH?	ERGÄNZUNGEN
1.			
2.			
3.			
4.			

Etappenziele reflektieren

► Übertragen Sie die Tabelle auf einen Bogen Papier und füllen Sie sie in Ruhe aus. Denken Sie über die einzelnen Punkte nach, bleiben Sie aber auch offen für intuitive Ideen und ungewöhnliche Eingebungen. Notieren Sie auch das Naheliegende. ◄

Schauen wir uns eines der Beispiele an, das uns schon die Zielableitung (Seite 145 ff.) verdeutlicht hat. Sebastian Bohlan hatte vier Ziele notiert:

ZIEL	WAS BRINGE ICH SCHON MIT?	WAS BRAUCHE ICH NOCH?	ERGÄNZUNGEN
1. Ich wage mich hoch hinaus.	• Bergsteig-erfahrung	• Glauben an mich • Erfahrung, dass ich es auch beruflich kann • rausgehen, mich zeigen mit dem, was ich kann	
2. Ich bewege endlich meinen Hintern.	• den Hintern ☺	• einfach handeln: wieder joggen gehen, Schwung ins Leben bringen	Das Ziel, wörtlich genommen, scheint zu passen.
3. Ich bin meines Glückes Schmied.	• Bereitschaft, selbst aktiv zu werden	• Abnabelung von der Kasse der Eltern	
4. Ich bin glücklich.	• grundlegender Wesenszug • Freude an kleinen Dingen	• Vertrauen in mich und den Lauf der Dinge	

Und Maria Ghestein, die sich träumend in einem schönen Büro
als Selbstständige sah:

ZIEL	WAS BRINGE ICH SCHON MIT?	WAS BRAUCHE ICH NOCH?	ERGÄNZUNGEN
1. Ich kann es.	• Erfahrung, ich hab schon einiges geschafft	• zusätzliches Selbstvertrauen (vor allem in Verhandlungen)	
2. Ich habe viele und außerdem gut bezahlte Aufträge.	• die Bereitschaft, mehr und auch anspruchsvollere Aufträge zu bearbeiten • Kompetenz	• Weiterbildung in Social Media, Online-Kommunikation und virales Marketing • Klärung des Profils/Portfolio • neue Kunden (das heißt verbessertes Aquisemanagement)	
3. Ich fühle mich immer sicherer.	• Grundsicherheit (konnte, seit ich Abiturientin bin, immer jobben und wurde anerkannt)	• Verhandlungsrhetorik, mehr Souveränität im Kundenkontakt	
4. Ich tu meine Arbeit mit Freude und großem Engagement.	• Bereitschaft für großes Engagement • Wunsch nach Freude am Tun	• der größere Rahmen an Verantwortung und Gestaltungsmöglichkeit – das gibt mir nur die Selbstständigkeit	
5. Ich bin erfüllt und glücklich.	• Erfahrung	• innere Erlaubnis	

Der Aktivitätenplan

Im nächsten Schritt werden die nötigen Aktivitäten festgelegt, um das, was noch gebraucht wird, zu bekommen. Auch hier macht eine Tabelle das Ganze einfacher:

ZIEL	WER KANN MICH UNTERSTÜTZEN?	AN WELCHE UNTER-NEHMEN ODER INSTITUTIONEN KANN ICH MICH WENDEN?	ERGÄNZENDE MASSNAHMEN
1.			
2.			
3.			
4.			

Den Aktivitätenplan erstellen

▶ Füllen Sie die Tabelle so aus, dass Sie auf dieser Basis aktiv werden können. Nutzen Sie alles, was Sie aus dem Genogramm und insbesondere der Kontaktfeldanalyse wissen. Für ergänzende Maßnahmen können Sie sich an Ihre Erfolgsprinzipien (Seite 116 f.) erinnern. Seien Sie bei dieser Übung unbedingt realistisch, damit Sie motiviert bleiben. ◀

Hierzu noch einmal unsere beiden BeispielkandidatInnen, zunächst der »bewegte Mann«:

ZIEL	WER KANN MICH UNTERSTÜTZEN?	AN WELCHE UNTERNEHMEN ODER INSTITUTIO- NEN KANN ICH MICH WENDEN?	ERGÄNZENDE MASSNAHMEN
1. Ich wage mich hoch hinaus.	▪ Freund X., der immer meinte, ich hätte das Zeug zum Topmanager (und er selbst ist einer), einfach für Gespräche darüber, um mich damit zu befassen.		
2. Ich bewege endlich meinen Hintern.	▪ Laufkumpel		▪ den eingeschla- fenen Körper wieder fit machen, zweimal die Woche Training
3. Ich bin meines Glückes Schmied.	▪ indirekt die Eltern: Ich möchte mich von ihrer finanziellen Dauerunterstüt- zung lösen	▪ Firma X., für die ich mal aktiv war und die Interesse bekundet hat, mich intensiver einzusetzen	▪ Eigenständigkeit zum Grund- thema machen
4. Ich bin glücklich.	▪ Partnerin: Das Glück bewusst erleben, es ist ja da.	▪ Die Tafel: Wieder ehrenamtlich ak- tiv sein – das hat mich schon mal glücklich gemacht.	

Und auch hierzu Maria Ghestein:

ZIEL	WER KANN MICH UNTERSTÜTZEN?	AN WELCHE UNTERNEHMEN ODER INSTITUTIONEN KANN ICH MICH WENDEN?	ERGÄNZENDE MASSNAHMEN
1. Ich kann es.		▪ Verhandlungstraining	▪ regelmäßige Zeitfenster zur Erholung und Selbstbesinnung – dann spüre ich, dass ich es kann
2. Ich habe viele und außerdem gut bezahlte Aufträge.		▪ Weiterbildungsinstitute Social Media, Online-Kommunikation und virales Marketing	
3. Ich fühle mich immer sicherer.	▪ Private Coach (eine ältere Kollegin und Freundin)	▪ wie 2.	
4. Ich tu meine Arbeit mit Freude und großem Engagement.	▪ mein Netzwerk aktivieren ▪ andere Selbstständige befragen, insbesondere einen befreundeten Agenturleiter in Wien (Anregungen für Start in die Selbstständigkeit)		
5. Ich bin erfüllt und glücklich.		▪ Ayurveda-Kur in einem guten Institut – ich tu mir Gutes!	▪ lernen, mich für gelungene Schritte zu belohnen und Oasen für mich zu schaffen

Anhand des Aktivitätenplans wissen Sie nun, was Sie in der nächsten Zeit tun sollten. Sicher werden Sie auf den weiteren Seiten des Buches noch vielfältige zusätzliche Anregungen erhalten, doch die Punkte in Ihrem Aktivitätenplan sind das Wesentliche, um das es Ihnen gehen sollte, wenn Sie Ihre Etappenziele erreichen wollen. Kontaktieren Sie nach und nach all die Menschen, die Sie hier notiert haben, und besprechen Sie Ihr Anliegen. Machen Sie Termine mit den entsprechenden Institutionen und holen Sie sich die Unterstützung, die Sie brauchen, oder buchen Sie den Kurs, der Ihnen guttut.

Es sind die kleinen Dinge, die in der Summe ein gelebtes Leben ausmachen. Und es sind auch die kleinen Dinge, die einen großen Wandel einleiten. Lassen Sie sich nicht verunsichern, wenn Ihnen Ihre Ziele unbedeutend vorkommen – wo Sie doch von so viel Größerem träumen. So viele haben gerade dadurch, dass sie lernten, sich beim Kricket oder beim Yoga zu entspannen oder ein gutes Essen zu genießen, letztlich ihre Traumkarriere machen können. Das wäre ihnen ohne diese kleinen Maßnahmen nicht möglich gewesen, hatten sie doch schon in jungen Jahren gegen dauernde Erschöpfungssymptome zu kämpfen. Andere konnten mit mehr Bewegung im Alltag insgesamt Schwung in ihr Leben bringen, ihre Ausstrahlung verbessern und im Beruf plötzlich auffallen und größere Aufgaben übernehmen. Und wieder andere bemerkten beim Verfolgen der scheinbar so unbedeutenden Etappenziele, dass das, was sie vorher für bedeutend hielten   Toppositionen, viele Mitarbeiter, größtmögliche Kundenzahl –, plötzlich seinen Reiz verloren hatte und sie dem ein bescheidenes, aber glückliches und erfülltes Leben in der Verbundenheit mit Familie und Freunden vorzogen. Wir Menschen sind unterschiedlich und oft wissen wir nicht, wohin es uns zieht. Den Botschaften aus unserem eigenen Inneren aber, wie sie uns unter anderem die P/Review beschert, können wir vertrauen. Sie führen uns auf den Weg, der tatsächlich zu uns passt, den Weg, der uns authentisch voranschreiten lässt.

In der Coaching-Praxis folgt dem Aktivitätenplan meist eine weitere, diesmal strategische Beratung, bei der ich dann in der Rolle des klassischen Unternehmenscoach und der Kommunikationsberaterin gefragt bin. So begleite ich nicht nur die Zielfindung, sondern im Anschluss daran auch die konkrete Umsetzung.

Authentisch dem eigenen Weg folgen

Transparenz ist heute, in diesen »gläsernen Zeiten«, wichtiger denn je. Wie beispielsweise am Fall zu Guttenberg oder auch Christian Wulff zu sehen ist, lassen sich Nachlässigkeiten im Umgang mit der Wahrheit heute kaum noch vertuschen. Die investigativ arbeitenden Medien und Millionen von eifrigen InternetnutzerInnen stöbern so lange durch alle Winkel, bis erwiesen ist, ob jemand ehrlich in der Öffentlichkeit oder in einer Führungsposition steht oder ob er etwas zu verbergen hat, wie lange auch immer das Entsprechende zurückliegt.

Auch wer nur so tut, als sei er den Herausforderungen gewachsen, statt sich ehrlich damit auseinanderzusetzen und auch die eigenen aktuellen Schwächen immer im Blick zu behalten und ernst zu nehmen, kommt heute kaum noch durch. Wenn ManagerInnen und andere Führungspersönlichkeiten sich in unnötige Anglizismen oder ein undurchdringliches Fachchinesisch flüchten, zeigt das vor allem eines: ihre Unsicherheit und ihre Angst vor Fragen. Sie wollen kompetent und informiert erscheinen, erreichen aber das Gegenteil.[30]

An welcher Stelle im Berufsfeld auch immer Sie stehen, welches auch immer Sie erreichen wollen: Authentisch auftreten kann nur jemand, der sich selbst kennt. Wer sich seiner selbst bewusst ist und in jeder Rolle nur er/sie selbst sein will, wirkt souverän. Er oder sie braucht weder Arroganz noch Machtsymbole, um sich durchzusetzen. Wer zu sich selbst stehen kann, wird in Sprache, Mimik, Gestik und Haltung widerspruchsfrei wahrgenommen – und überzeugt.

Auch ich selbst kann einzig die sein, die ich bin. Wenn ich mich in allem so zeige, wie es mir entspricht, und dabei möglichst keine Spielchen spiele, finden mich genau die Menschen, die zu mir passen und zu deren aktuellen Herausforderungen mein Konzept passt. Gerade in einer pluralistischen Gesellschaft wird nicht jeder jeden mögen – das ist auch nicht nötig. Wenn Sie sich treu sind, kommen die KundInnen oder KlientInnen zu Ihnen, die genau das brauchen, was Sie anzubieten haben. Oder Sie finden sich mit anderen in der Firma zusammen, die das passende Umfeld bietet – auch mal schwierige Lernerfahrungen inklusive. Ich bin sehr froh, dass ich den meisten Coachees, die zu mir finden, wohl auch persönlich sympathisch bin – eine wesentliche Voraussetzung für das intensive Zusammenarbeiten, das von beiden Seiten eine große Öffnung erfordert.

▉ Und dann kam sie um die Ecke: etwas Helles auf einem schwarzen Fahrrad. Herzlich streckte die sportlich wirkende Frau ihre Hand mir zur Begrüßung über den Lenker. Damit war für mich alles klar: Sie passt zu mir!

SYLVIA GRESSLER ▉

Zu Authentizität gehört untrennbar, die eigene Individualität zu kennen und zu akzeptieren. Wie oft lassen wir unsere Träume brachliegen, weil sie nicht mit dem konform gehen, was man uns als »richtig« eingeredet hat? Wie oft trauen wir uns nicht an die Erfüllung anstrengend treuer Sehnsüchte heran, weil wir fürchten, damit keine Chance zu haben in einer Welt, die »so was« eben nicht lebt? Und wie oft suchen wir nicht einmal mehr nach dem, was ganz speziell nur uns ausmacht, weil wir uns in genormten Umständen zumindest leidlich eingerichtet haben?

Sich selbst mit Ecken und Kanten, Träumen und vielleicht auch zunächst »spinnert« anmutenden Ideen anzunehmen, ist eine hohe Kunst, die über Jahre hinweg immer wieder geübt werden muss. Vielleicht wird diese Übung des Sich-selbst-Annehmens sogar das gesamte Leben in Anspruch nehmen. Das trifft aus meiner Beobachtung in einem noch stärkeren Maße für Frauen zu, die eher in Anpassung und Bescheidenheit geschult sind. Im Dream-Guidance-Prozess erlebe ich sehr häufig, wie erfüllt sich die Menschen fühlen, wenn sie beispielsweise in der P/Review mit ihren ureigenen Qualitäten verbunden sind. Keine Wertung mehr, kein Infragestellen, kein Vergleichen mit anderen oder der vermeintlichen Norm. Stattdessen tief empfundene Stimmigkeit. Es ist das eigene Wesen, das in solch kostbaren Momenten erfahrbar wird, der individuelle Kern, der nicht zur Diskussion steht. Fast alle fühlen das, wenn sie von einer solchen Erfahrung zurückkehren. Darauf dann – wie in der Strategiephase angeregt – das weitere Handeln aufzubauen und Korrekturen an genau dieser Stimmigkeit auszurichten, das halte ich für den optimalen Weg zu einem authentischen Sein.

■ Der Vergleich mit geradlinigen Karrieren machte mich unsicher. Wieso wissen manche Leute, wo sie in zwei, vier oder zehn Jahren sein möchten, und ich nicht? Diese Art von Fragen habe ich mir häufig gestellt. Ich muss lernen, meine Antwort darauf zu geben: Ich werde dort sein, wo meine Interessen liegen. Mehr weiß ich im Moment nicht. Mehr brauche ich nicht zu wissen. Ich bin von jeder Wanderung wieder nach Hause gekommen, habe jedes Mal ins Hotel zurückgefunden und habe alle mir anvertrauten Projekte vorwärtsgebracht.

Was das Coaching bei mir verändert hat, sind nicht mein Wissen oder meine Zukunftspläne – oder eben gerade der Mangel eines einzigen, klaren Zukunftsplans. Es ist deren Wertung. Vorher betrachtete ich das Fehlen eines klaren Plans als Mangel. Ich machte mir Sorgen, dass ich nicht da sein würde, wo ich sein wollte, weil mir die genaue Vorstellung davon fehlte. Jetzt sehe ich diese Offenheit als Stärke. Das Coaching hat mir gezeigt, wo die großen Linien in meinem Leben liegen. Die Details kann ich spontan einfüllen. Diese Offenheit macht mich flexibel. Die großen Linien geben mir die innere Sicherheit, dass ich mich selbst auf dieser Reise nicht verliere.

ROGNER VAN DELFT ■

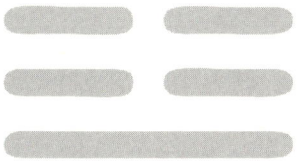

IV. Transfer – oder wie Sie Ihre Ziele umsetzen

Der Startschuss ist gefallen. Jetzt gilt es, die festgelegten Schritte umzusetzen und dranzubleiben. Auch in dieser Phase gibt es jede Menge erprobte Möglichkeiten zur Unterstützung auf dem Weg. Nachdem in den ersten drei Phasen so viel geschehen ist, so viel klar wurde und erlebt werden konnte, wird oft übersehen, dass es damit nicht getan ist. Die Umsetzung ist keine simple Sache und vor allem kein Automatismus. Auch die DreamGuidance-Studie in Kooperation mit der Universität Hannover hat gezeigt, dass hier die Tücken liegen, wenn die Klienten nicht weiterhin regelmäßig Feedback und Updates erhalten, wie es dort leider in der gegebenen Zeit nicht möglich war und wie es auch manchmal mit weit anreisenden KlientInnen der Fall ist. Viele andere kommen nach dem Perspektivencoaching immer mal wieder für eine kurze Neubestimmung des Stands der Dinge zu mir. Das kann im Abstand von ein paar Wochen, Monaten oder sogar Jahren sein. Wichtig ist, dass es diese Kontrolle – die vor allem ja eine Selbstkontrolle ist – gibt. Soweit es zur strategischen Planung gehört, die eigene Präsenz zu optimieren, ein PR-Konzept zu entwickeln oder zu erweitern oder neue Medien zu berücksichtigen, setzt sich meine Beratungsarbeit an dieser Stelle als Fachcoach für Kommunikation fort.

Wie aber kann der Transfer im Selbstcoaching funktionieren? Da gibt es keine äußere Instanz, die Feedback geben und Antreiber spielen kann, vor der man sich rechtfertigen müsste und die man als eingeweihte Größe um Rat fragen könnte. Es gibt keinen Coach – außer man schafft sich einen, einen »Hackenbeißer«, wie ein Klient ihn mal nannte. Hier kommt wieder der Private Coach ins Spiel, von dem bereits die Rede war (siehe Seite 89) und um den es neben vielen anderen Anregungen auch hier noch einmal gehen wird. Eine Person Ihres Vertrauens zu benennen und in den Prozess einzuweihen, erhöht die Wahrscheinlichkeit, dass Sie Ihre Ziele erreichen, um ein Vielfaches. Nicht nur in der Transferphase, dort aber besonders maßgeblich.

Der Private Coach II

▶ Beziehen Sie Ihren Private Coach insbesondere in die Transferphase ein oder suchen Sie sich jetzt jemanden für diese Funktion, wenn Sie das bislang noch nicht getan haben. Wählen Sie diesen Menschen sorgfältig aus. Es sollte jemand sein, der Ihnen nicht nur in der Krise uneingeschränkt Gutes will, sondern auch entspannt und freudig damit umgehen kann, wenn Sie großen Erfolg haben. Die Voraussetzung dafür ist, dass diese Person mit sich im Reinen ist, zufrieden und erfüllt. Hier kommt es weniger auf akademische Würden oder große Posten an als vielmehr auf die Größe des Herzens.

Beschreiben Sie Ihre Ziele und händigen Sie dieser Freundin oder diesem Vertrauten Ihren Aktivitätenplan aus. Dann sollten Sie in regelmäßigen Abständen, am besten einmal pro Woche an einem Jour fixe, miteinander über den aktuellen Stand sprechen: Welche Schritte haben Sie unternommen? Was wurde umgesetzt? Wo stehen Sie emotional bezüglich der Vorhaben? Wo klemmt es, und wo läuft es gut?

Bitten Sie Ihren Private Coach, nicht zimperlich zu sein, sondern Ihnen liebevoll, aber ehrlich immer wieder seine Wahrnehmung Ihres Prozesses zu schildern, damit Sie weiterlernen und nicht anfangen, sich etwas vorzumachen. Und feiern Sie mit ihm, wenn Sie ein Ziel oder Teilziel erreicht haben! ◀

Raus ins Leben!

Mit all den erarbeiteten Erkenntnissen, Ideen, Einsichten, Eindrücken und den Aktivitätsplänen unter dem Arm verlassen die Coachees meine Praxis. Sie sind hoch motiviert, das Neue entstehen zu lassen und ihre Ideen in die Realität umzusetzen. Das Umfeld, das sie erwartet, ist allerdings das Alte geblieben und hält meist erst einmal ordentlich dagegen. Nun heißt es: dranbleiben und sich die unterschiedlichsten Anker schaffen, mit denen man sich an der neuen, frischen Energie und den anvisierten Zielen festhalten kann.

■ Entspannung, Besinnung, innere Sammlung suche und brauche ich in meinem Leben, um mit mir im Einklang zu sein, mich lebendig zu fühlen und mich zu begeistern. Bewegung und körperliche Aktivität helfen mir dabei, diesen Zustand zu erreichen. Diese Erkenntnis war nicht neu für mich und trotzdem ging sie mir immer wieder im Alltag verloren beziehungsweise wurde nicht kontinuierlich von mir umgesetzt.

Von daher bin ich sehr dankbar, dass ich in den Wochen und Monaten nach dem Coaching zu einem Morgenritual gefunden habe, das mir hilft, diese Aspekte im gut durchorganisierten Alltag zu verankern und damit den Kontakt zu meiner Energie und Vitalität zu bewahren. Ausgangspunkt für dieses morgendliche Ritual wurde der Auftrag, meine während des Coachings entstandenen neuen Lebensgrundsätze dreimal täglich zu sprechen. Hieraus entwickelte sich ein Ablauf, bei dem ich mir etwa 10 bis 15 Minuten Zeit für ein paar Körperübungen nehme, die mich zum Schwitzen bringen, meinen Atem und meine Bewegung in Gleichklang bringen und meinen Rücken in einer wunderbaren Weise weiten. Zum Abschluss lese ich dann meine Lebensgrundsätze.

Dieses Ritual zu Beginn meines Arbeitstages hat sich zu meiner inneren Konzentrations- und Kraftquelle entwickelt, mit deren

Hilfe ich voller Energie, innerer Ruhe, Effektivität und dem gewissen Quäntchen Enthusiasmus die Aufgaben des Tages angehe ...

PS (zwei Jahre später): Hurra, ich habe es geschafft, in den letzten zwei Jahren dranzubleiben! Nach wie vor beginne ich meinen Arbeitstag mit meinem persönlichen Ritual, bestehend aus ein paar Körperübungen und meinen »Mantras«, das heißt den persönlichen Lebensgrundsätzen aus dem Coaching-Prozess. Sie haben nichts an Aktualität eingebüßt und tragen weiterhin dazu bei, dass ich den Tag konzentriert und kraftvoll angehe und seine Herausforderungen erfolgreich meistere.

BEATE KUBNY-LÜKE ■

Eine derart umfassende Bestandsaufnahme, die das gesamte Leben in Betracht zieht, um verborgene Motive aufzudecken, machen wir in der Regel wohl nur einmal. Die dabei sich äußernde grundlegende Ausrichtung bietet Orientierung für Dekaden. Zu wissen, wohin die Reise im Wesentlichen weitergeht, ist eine langfristige Entscheidungshilfe.

Es lohnt sich für die Klienten wie für Selbstcoachees gleichermaßen, die Dinge, die während des Prozesses aufgeschrieben oder gemalt wurden, aufzuheben und immer mal wieder hervorzuholen. In ihnen steckt die Kraft des Erkenntnisprozesses, die sich sofort wieder auf Sie überträgt, wenn Sie sich mit den Gegenständen verbinden. Schauen Sie sich die Materialien immer mal wieder durch, machen Sie sich erneut Notizen, assoziieren Sie, fühlen Sie nach, träumen Sie weiter ...

■ Die so entstandenen »Gemälde« nahm ich mit in meinen Alltag. Heute hilft mir zuweilen ein Blick auf sie, mich an mein wirkliches Wesen zu erinnern, und gemahnt mich, meiner inneren Welt neben der äußeren Welt eine gleichberechtigte Koexistenz zu verschaffen.

SYLVIA GRESSLER ■

Auf ähnliche Weise wirken auch die Lebensmaximen, die ich meinen Coachees zur Anwendung »dreimal täglich« verordne. Viele haben sich ein Ritual daraus gemacht, das ihren Tag begleitet und eine Insel der Kraft und der Rückversicherung in der eigenen Vision ist. Sie konnten eben von Beate Kubny-Lüke lesen, die nach Jahren der beneidenswerten Regelmäßigkeit von dieser Morgenübung sagt: »Manchmal empfinde ich es so, als wäre dieser kurze Zeitabschnitt von circa 15 Minuten der intensivste und gefühlt ›längste‹ des ganzen Tages.« Wiederum zwei Jahre später berichtete sie übrigens, dass sie nach wie vor ihr Ritual durchführt und »durch das Coaching eine innere Haltung und ein Instrumentarium zur Pflege dieser erarbeitet habe, die mich unterstützen dranzubleiben und meine Ziele nicht aus den Augen zu verlieren«.

Wie wichtig die für das Berufliche nur scheinbar bedeutungslosen Belange von Auszeiten und Mußephasen sind, erlebte auch die Managerin Petra Labriga, deren Grundthema im Coaching das Feiern und vor allem das Sich-selbst-Feiern war – wohl zu ihrer eigenen Überraschung. Sie hatte im Beruf ungeheuer viel zu tun, erlebte Stress und Zeitnot, während ihr 40. Geburtstag näherrückte, ein Datum, auf das sie sich immer gefreut hatte. In der P/Review erlebte sie sich auf einem großartigen Geburtstagsfest: ihrer großen Feier. Sie setzte die Botschaft um und beschenkte sich selbst und die ihr nahestehenden Menschen mit einem großartigen Fest auf einem Schloss zu ihrem 40. Im Rückblick ist sie sehr dankbar für diese Erfahrung:

■ Wenn ich mir heute die Fotos ansehe und mich an den Abend erinnere, weiß ich, dass eine ganz besondere Atmosphäre herrschte, die manche Gäste nach dem Fest in etwa so formulierten: Das Fest hat noch so lange nachgewirkt, die schöne Stimmung hat man mitgenommen in die nächste Woche wie ein schönes Geschenk. Und genau das sollte es auch sein: ein Geschenk an mich und all jene, die mich unterstützen. Der Sinn ei-

ner solchen Feier: Rückschau halten, Luft holen, das Erreichte
würdigen und viel, viel Kraft schöpfen für die nächsten Schritte –
ob sie nun ins Tal führen oder auf die nächste Höhe.

PETRA LABRIGA ▨

Veränderungen brauchen ihre Zeit

Der Sinn des ganzen Prozesses sind selbstverständlich positive
Veränderungen im Leben. Manchmal geht alles sehr schnell. Der
eben erst begonnene innere Wandel ist in einigen Fällen stark genug, um sofort im Außen Resonanzen zu bewirken. Dann ist das
Coaching vielleicht noch gar nicht abgeschlossen, der Klient hat
die Gespräche, Reflexionen, Reisen und überraschenden Erkenntnisse noch längst nicht verdaut – und schon reagiert das Leben mit
neuen Angeboten. Als würde es sagen wollen: Sehr gut, das gefällt
mir, du bist auf dem richtigen Weg.

▨ Noch während des Coaching-Prozesses kam der verzweifelte
Anruf einer Freundin: ob ich Zeit hätte, Programmtexte für den
Veranstaltungskalender zu überarbeiten beziehungsweise neu zu
schreiben. Natürlich! Das ist doch etwas, was mir sehr viel Freude
bereitet und darum auch recht leicht von der Hand geht. Und daraus entwickelte sich dann noch der Auftrag, Texte für den dazu-
gehörigen Ausstellungskatalog zu schreiben.

CORINA RÜTTEN ▨

Das ist natürlich kein Automatismus und auch nicht das entscheidende Zeichen dafür, dass das Coaching erfolgreich ist. Oftmals
hat sich vor allem die Grundstimmung gewandelt, mit der die
Coachees dem Leben begegnen. Und genau das ist dann auch der
Boden, auf dem neue Vorhaben gedeihen.

◾ Ich spüre eine lange vermisste Lebendigkeit und tiefe Lust an meiner Arbeit. Es ist ein spannender Zustand, der Aufbruch und Angekommensein in sich vereint. Aufbruch, weil ich mir in meinem neuen Beruf die Sporen eines äußerlich sichtbaren Erfolges erst verdienen muss. Angekommensein, weil ich beruflich jetzt das mache, was ich aus einer inneren Notwendigkeit heraus tun muss und »eigentlich« schon immer tun wollte. Birgitt Morriens Dream-Coaching ist nach meiner Erfahrung bestens dazu geeignet, die blockierte Energie, die sich in dem Wörtchen »eigentlich« verbirgt, zu verwandeln in eine begehbare Brücke zwischen Traum und alltäglicher Lebenspraxis. ...

(Und weitere zwei Jahre später:) Ich habe zum ersten Mal das Gefühl, dass alles, was mir in meinem Leben wichtig ist, Raum hat und zu seinem Recht kommt. Alles ist in einer guten Balance.

SANDRA PEERMEYER ◾

Bei anderen wiederum ist plötzlich alles klar. Im Unterbewusstsein offenbar schon recht klar konstruierte Absichten brechen sich in wenigen Beratungsstunden Bahn und weisen bereits deutlich den weiteren Weg:

◾ Aus jeder einzelnen (Sitzung) ging ich erschöpft und gleichzeitig hoch motiviert heraus. Immer wieder fasziniert mich der Gegensatz zwischen schamanisch anmutender Traumarbeit, Umgang mit dem Unbewussten und der sachlich-fachkundigen Interpretation, angeleitet von einer Frau, die nicht hinter Räucherstäbchendunst verborgen in höheren Ebenen schwebt, sondern mit beiden Beinen im Boden verwurzelt ist. Die Fachpresse lobt DreamGuidance als Methode mit überraschendem Erfolg, als wissenschaftlich untermauertes Konzept und als Entdeckung des Management-Trainings. Wie wahr!

Doch es ist noch viel mehr. Mein ganz persönliches Ergebnis stand nach drei Sitzungen vor mir, wie ein gemauertes Denkmal:

Ich will Ghostwriterin werden. Ich will Geschichten erzählen, die erzählt werden müssen. Von Menschen, die dies aus verschiedenen Gründen nicht selbst können oder wollen. Und ich will Methoden und Erkenntnisse der Allgemeinheit zugänglich machen, die für viele Menschen von hohem Nutzen sind.

IRIS HAMMELMANN ▨

Bei Weitem nicht alle schweben überglücklich zurück in den Alltag. Viele sind zunächst verunsichert, wissen nicht recht, ob sich das jetzt gelohnt hat, oder merken, dass die Erwartungen, die sie hatten, nicht erfüllt wurden, dass es um ganz andere Baustellen ging als die, die sie sich vorgestellt hatten. Oder Kai Oppel, der sich »beschwerte«, dass er nach dem Coaching beinahe vier Wochen nicht arbeiten konnte. Unter dem Titel »Arbeitsunlustig nach Coaching. Erst Entspannung, dann Erfolg« habe ich zu diesem Thema sogar einmal einen Text verfasst, der sich auf meinem Blog »Coaching-Blogger« nachlesen lässt.

Fakt ist: Wenn das ganze persönliche System einmal ordentlich durchgeschüttelt wird, braucht es eine gewisse Zeit, sich wieder zurechtzurücken, sich auf die neu stimmige Weise wieder zusammenzufügen. Wie nach der eingangs erwähnten schamanischen Zerstückelung: Ihr folgt nach einer Zeit der Ungewissheit der Wiederaufbau. Keine bloße Rekonstruktion des Alten, sondern eine Art Wiedergeburt im neuen, schöneren, weil besser passenden Gewand.

Noch einmal: Meist ist es gar nicht nötig, dass sich große Revolutionen ereignen. Der Coaching-Prozess, auch im Selbstcoaching, wenn es ernsthaft unternommen wurde, ist intensiv und wirkt nach. Darauf kann man sich verlassen. Dennoch kann und sollte man dem nachhelfen, wie wir gleich noch genauer sehen werden. Meist sind es auch dabei Kleinigkeiten, die das Leben verwandeln.

■ Ich tanze durch mein Leben, wie ich es schon immer getan habe. Aber mit einem neuen Gefühl von Selbstwert, denn heute weiß ich, dass zum Beispiel meine zwei Vaterlinien (ich habe einen leiblichen und einen Adoptivvater), die aus meinem Berufsgenogramm hervorgehen, Reichtum bedeuten, meine geliebte Großmutter Johanna Heller auch noch lange nach ihrem Tod an mich glaubt und mein Wert unabhängig von äußeren Gegebenheiten unantastbar ist. Genau diese scheinbar kleinen Erkenntnisse geben mir heute die Kraft, mein Leben positiver zu sehen und endlich wieder richtig »Lust auf meinen Job« zu haben. Dafür bin ich Frau Morrien ausgesprochen dankbar.

BRIGITTE BRETERNITZ ■

Selbstständig dranbleiben

Ihre bereits erarbeiteten Unterlagen bieten Ihnen jede Menge Ansatzpunkte, das Coaching im Bewusstsein zu behalten und die festgelegten Ziele Schritt für Schritt umzusetzen. Dreierlei liegt klar auf der Hand:

- Sie folgen den Absichten Ihres Aktivitätenplans.
- Sie gönnen sich Ihre tägliche Dosis der Lebensmaximen.
- Sie besprechen regelmäßig telefonisch oder direkt mit Ihrem Private Coach, wie und wo Sie gerade stehen.

Außerdem hat sich in der Praxis ein Jour fixe mit sich selbst bewährt: Jeden Donnerstagabend oder jeden dritten Samstag im Monat oder wie auch immer es für Ihre Lebenssituation passt, verabreden Sie sich mit sich selbst. Sie holen Ihre Coaching-Materialien hervor, vertiefen sich in die dort gemachten Aussagen, reflektieren, wie weit Sie mit Ihrem Aktivitätenplan vorangehen konnten und – nicht zuletzt – träumen weiter von all dem, was Sie in diesem Leben noch so lockt.

Menschen, die im Coaching mit DreamGuidance das erste Mal mit all den nicht rationalen Ebenen in bewusste – und positive – Berührung kommen, bleiben oftmals einfach dran. Sie haben erfahren, wie wahr und kraftvoll unsere Gefühle, unsere intuitiven Einsichten, unsere Träume zu uns sprechen können, dass sie sie fortan in ihre Lebensgestaltung aktiv einbeziehen. Und wer das vorher schon wusste, fühlt sich durch die Arbeit in der Beratung darin bestärkt.

■ Beruflich haben sich einige sehr vielversprechende und spannende Perspektiven aufgedeckt. Und sie haben sich nicht nur aufgedeckt, sondern: Da ich seit meinen Terminen bei Frau Morrien viel mehr auf meinen Bauch höre, habe ich das, was mich am meisten angesprochen hat, herausgefiltert. Ich mache nicht mehr alles, sondern nur noch das, wozu ich wirklich Lust habe und was mich »anmacht«.

JUTTA WESTPHAL ■

Dauerhaft gut sind wir in dem, was wir gern machen. Dabei kann zugleich durchaus auch gelten: Wir lernen, das, was wir müssen, auch zu wollen. Was heißt das? Mit den tief aus dem eigenen Erleben heraus wahrgenommenen Zielen ergibt sich eine starke Motivation für die bis dahin notwendigen Schritte. Dabei kann auch aktuelles Tun, das bislang als unbefriedigend angesehen wurde, eine Umbewertung erfahren. Vielleicht hat eine Gymnasiallehrerin momentan das Gefühl, dass immer viel zu viele Leute gleichzeitig etwas von ihr wollen und regelrecht an ihr gezerrt wird. Seit sie sich nun aber in einem höheren Lebensalter stimmig als Gründerin und Leiterin einer alternativ ausgerichteten Privatschule erlebt – ein Traum, den sie sich lange aus allerlei Vernunftgründen regelrecht untersagt hatte –, weiß sie: Das, was sie jetzt erlebt, ist die bestmögliche Vorbereitung auf die spätere Aufgabe. Das Coaching wird ihr Haltungskorrektiv, sie geht motiviert und mit der Kraft des Wissens um die Langfristigkeit an ihre aktuellen Aufgaben heran, die plötzlich nicht mehr nerven, sondern fordern und fördern.

Oder ein anderes Beispiel: Sieht sich jemand, wie er nach Indien reist, um dort eine Ausbildung zum Ayurveda-Masseur zu machen, dann wird er zuvor Englisch lernen müssen. »Ich mag es nicht, Vokabeln zu lernen«? Ist die Vision stark genug, haben solche Ausflüchte keinen Bestand mehr. Die Klarheit des Ziels lässt den Betreffenden die Notwendigkeit der aktuell anstehenden Aufgaben erkennen.

In jedem Fall aber tut man sich leichter, sich regelmäßig wieder mit den Themen des Coachings zu befassen und damit zu verhindern, dass die Alltagsmühlen die neu gewonnene Kraft eines Tages doch zerrieben haben. Und dass nicht jeder Tag gleich gut verläuft, scheint ein Grundprinzip des Lebens zu sein.

Mit Rückschlägen umgehen

Rückschläge, welcher Art auch immer, lehren den Umgang mit der Krise. Indem Krisen zu bewältigen sind, zumal große, schulen sich zentrale Fähigkeiten in uns, zu denen insbesondere Beharrlichkeit, Kreativität und Selbstvertrauen gehören: Aus der Erfolgsforschung wissen wir, dass Ausdauer und ein beharrliches Dranbleiben und »Weitermachen« für Karrieren zentrale Größen sind. Zum Wesen einer Krise gehört, keinen Fahrplan mehr zu haben, sodass vollkommen neu geschaut werden muss. Hier schult das Leben den schöpferischen, kreativen Umgang mit dem Unwägbaren. Wir entwickeln einen innovativen Geist, der uns dann, wenn es auch offensichtlich wieder vorangeht, weiterhin hilfreich sein wird. Jede bewältigte Krise stärkt zudem unser Selbstvertrauen und damit den Glauben daran, »es« auch in Zukunft zu schaffen. Sich allein diese Elemente eines krisenhaften Rückschlags zu verdeutlichen, lässt nur eine Antwort zu: im Vertrauen darauf weitergehen, dass sich die Dinge entwickeln und zu jedem Auf ein Ab gehört.

Vertrauen und Geduld sind die Schlüssel, ohne die kein Vorhaben gelingen kann. Jedes Wachstum hat teils langsame Phasen der Vorbereitung im Verborgenen, bevor die Dinge für uns und andere im Außen sichtbar werden und zum Tragen kommen.

■ Es dauerte eine Zeit, aber die Wende kam tatsächlich, als eine gute Freundin mir vom Sehtraining erzählte ... Heute arbeite ich in meinem Sehzentrum mit Menschen, die unter Sehstress leiden (und wer tut das nicht?), Kindern mit Lese-Rechtschreib-Schwäche und Hyperaktivitätssyndrom, Sportlern, die sich mit der Verbesserung ihrer Sehleistung einen Vorteil dem Gegner gegenüber verschaffen, und all denen, die ihre Sehkraft erhalten und/oder verbessern wollen.

Ich bin sehr ausgeglichen und glücklich über Erfolg und Anerkennung. Größte Befriedigung ist es für mich, zu sehen, dass mein Einsatz vielen Menschen wirklich hilft und ich ihr Leben positiv beeinflusse.

STEFANIE HENNIGFELD ■

Das war 2007. 2009 bat ich Frau Hennigfeld um ein erneutes Feedback. Ich wusste, dass sie einen wunderbaren Weg genommen hatte, denn als wir uns kennenlernten, war sie bei einem Fernsehsender als kaufmännische Leiterin angestellt und hasste – nach eigener Aussage – ihre Arbeit. Sie war das Wagnis eingegangen, hatte diese Stelle verlassen und nach einer Auszeit als Sehtrainerin neu begonnen. 2009 schrieb sie nun:

■ … nachdem ich den letzten Absatz meines Beitrages noch einmal durchgelesen hatte, stieg mir die Schamesröte ins Gesicht, denn das, was ich damals geschrieben hatte, war zu dem Zeitpunkt reines Wunschdenken gewesen … Damals hatte ich noch kein gut gehendes Sehzentrum und keine umfangreiche Kundschaft, die ich glücklich gemacht habe. Nur in meiner Fantasie. Allerdings – und jetzt kommt das Faszinierende: Heute tue ich exakt das, was ich damals vollmundig beschrieben habe, und bin, das muss ich gestehen, darüber einigermaßen verblüfft.

Und die Entwicklung geht ja immer weiter – heute werde ich mich darauf besinnen, was ich zukünftig noch erreichen möchte, und fantasiere hier einmal wild drauflos, als wäre meine Wunschvorstellung schon in Erfüllung gegangen. Also:

Ich arbeite mit den großen deutschen und europäischen Sportklubs (Fußball, Formel 1, Tennis etc.) und trainiere erfolgreich vor Ort und im eigenen Trainingszentrum in Erftstadt Spitzensportler auf dem Weg zu ihrem Platz 1. Das Trainingszentrum ist mit vielseitigem und bestem Equipment ausgestattet und das Training erfolgt mit angestellten und freiberuflichen Visualtrainern nach modernsten Erkenntnissen des Visual- und Wahrnehmungstrainings. Ich werde häufig sowohl von Firmen als auch von Sportklubs für Seminare, Workshops und Vorträge angefragt und bin bis in das übernächste Jahr hinein ausgebucht.

Sehr viel Spaß macht mir auch das Seh- und Wahrnehmungstraining mit Schulkindern im Sehzentrum. Als tiefe Befriedigung empfinde ich es, wenn ich Kinder mit Seh-, Lern- und Wahrnehmungsdefiziten erfolgreich trainieren kann und sie dann in der Schule und im weiteren Leben ihren Weg meistern.

Und was ich zudem großartig finde: Das Visualtraining wird nicht nur zusehends bekannter, sondern es findet immer mehr Anerkennung und erobert sich – wie zum Beispiel schon seit Langem in den USA – seinen angemessenen Platz bei der allgemeinen Sehberatung in Kinder- und Augenarztpraxen, in Kindergärten, Schulen und im Sport ... Und jetzt, liebe Birgitt, bin ich gespannt, wie die Dinge sich entwickelt haben werden, wenn du mich das nächste Mal um ein PS bittest ...

STEFANIE HENNIGFELD ▦

Ich habe sie gefragt. Auf Seite 187 f. finden Sie die Zeilen, die Stefanie Hennigfeld diesmal geschrieben hat.

In die Zeit verliebt

Noch ein Wort dazu: Ohne kreatives Selbstmanagement im Umgang mit der eigenen Zeit kommt heute niemand aus. Die meisten von uns haben ein Problem mit der Zeit. Viele wissen mit ihrer Zeit nichts anzufangen. Menschen, die sich für ein Coaching interessieren, kennen allerdings eher die andere Seite der Medaille und fragen sich genervt, verzweifelt oder bereits resigniert: Wann soll ich das nur alles machen? Und jetzt auch noch Zusatztermine, um meine Ziele zu erreichen?

▦ Termine, Fristen, Telefonate, Meetings, Aufgaben, Aufgaben, Aufgaben waren im Laufe der Jahre zu Dauerstress geworden und verlangten meine ganze Aufmerksamkeit. Leider hatte ich dabei oft vergessen, was es bedeutet, sich Zeit zu nehmen, um »anzukommen«. Frau Morrien schlug mir vor, mich mit der Zeit zu verabreden, so als wäre sie ein Freund, mit dem ich mich träfe.

Das Kennenlernen von Clive – der Zeit –, mit dem ich mich seitdem täglich an einem ruhigen Ort in der Natur treffe, ist eine deutliche Bereicherung für mein Leben und lässt mich viele Entscheidungen im Berufs- und Privatleben überlegter angehen. Ich habe gelernt, Dinge abzugeben und freie Zeit fest einzuplanen.

BRIGITTE BRETERNITZ ▦

Brigitte Breternitz behalf sich in ihrer Zeitnot damit, sich die Zeit personifiziert vorzustellen und sich so direkt mit ihr auszutauschen. Das ist eine Möglichkeit, viele andere können ebenfalls funktionieren. Wichtig ist vor allem: Bleiben Sie dran und machen Sie sich bewusst, was für Sie in Ihrem Leben Priorität hat.

In Anlehnung an die Worte der Klientin empfehle ich beispielsweise auch, sich vorzustellen, Sie hätten einen Geliebten oder eine Geliebte, mit dem oder der Sie möglichst viel Zeit verbringen wollen. So werden beispielsweise Ihre Coaching-Termine mit sich selbst zu Treffen mit dem, was Sie am meisten begehren. Sie sind Ihre Affäre, für die Sie sich immer Zeit einräumen werden. Wo Ihnen sonst vielleicht kein anderer Grund genügt, weil die Lust daran fehlt, hilft dann ein Kick, wie ihn frische Verliebtheit garantiert. Starke Gefühle können viel bewegen, auch die Art, wie wir uns unsere Zeit einteilen. Träumen Sie sich also hinein in Ihre Zeitaffäre, die Ihr Leben verändern könnte.

Nicht nur klassisch, sondern regelrecht traditionell hingegen ist der Rat der BenediktinerInnen, die ihre Tage in einem klar geregelten Wechsel von Arbeits- und Pausenzeiten gestalten. Nach jeder Aktivität gibt es Zeiten für die bewusste Hinwendung zu Gott: »A dieux«. Auch das mag uns verdeutlichen, welchen Wert Pausen haben, dieser kostbare Raum für Selbstbesinnung und Muße. Und dies gilt ebenso für die »großen Karrieren«.

Zum Abschluss: DreamGuidance als Lebenshaltung

Um zu ermöglichen, dass wir überzeugende Antworten auf die sich uns stellenden Fragen finden, braucht es ein Maximum an Information. Diese zu generieren erfordert einen Paradigmenwechsel, der die Inspiration durch die Intuition als gleichberechtigt neben kognitive Analyse und Empfinden stellt. Ganzheitlich stimmige Karrieren werden möglich, wo eine Haltung zur Selbstverständlichkeit wird, die jeder Herausforderung in dieser Weise begegnet und sie als Chance und notwendig auf dem Weg der Weiterentwicklung begreift. DreamGuidance ist dann zu einer Lebenshaltung geworden.

Unter dem Motto »Wagen Sie zu träumen« möchte ich die beinahe abschließenden Worte gern einer Klientin überlassen, die ihren langjährigen Entwicklungsprozess aus der Krise heraus mit großer Begeisterung bewältigte und heute glückstrahlend in einem neuen, sie und andere erfüllenden, sich stetig erweiternden Feld tätig ist.

■ Dezember 2011 ... Was soll ich sagen – ES HAT FUNKTIONIERT. Es ist nahezu genauso eingetroffen, und es trifft mich wirklich ins Innerste, wenn ich sehe, was ich mir vor zwei Jahren gewünscht habe (siehe Seite 184 f.) und es mit dem heute Erreichten vergleiche – fast so, als könnte ich hellsehen. Die Praxis läuft ausgezeichnet und darüber hinaus habe ich mit meiner Kollegin Anfang letzten Jahres Dynamic-Eye – das Institut für Sportsvision – gegründet, in dem wir nicht nur Olympia-Teams und andere Hochleistungssportler trainieren, sondern vor allem Pionierarbeit im Bereich »Sehen im Sport« leisten. Es ist so spannend und unglaublich, dass ich mich schon fast geniere, meine nächsten Träume aufzuzeichnen.

Mein Rezept ist – inspiriert durch das Coaching und die PS-Anfragen –, einmal im Jahr meine Wunschliste zu schreiben. Ich spinne darin realistisch und vor allem aber unrealistisch drauflos im Hinblick darauf, was ich in einem Jahr gemacht haben möchte. Ein Jahr später schaue ich sie mir an und ... staune! In einem Seminar habe ich das Gleiche mit den Teilnehmern gemacht und mir danach dann die Wunschlisten angesehen. Ich war enttäuscht: Keiner hatte sich wirklich was getraut, es gab keine Spinnereien, keine Hochstapeleien und damit auch keine wirklichen Visionen. Und auch wenn dieses Rezept vielleicht nur für mich gilt, bin ich überzeugt, dass man nur Großes erreichen kann, wenn man sich Großes erträumt. Das muss man sich natürlich trauen – und an dieser Stelle kommt mein riesiges Dankeschön an Birgitt Morrien, die mir geholfen hat, mich zu trauen.

STEFANIE HENNIGFELD ■

Wenn Sie mich persönlich nach meinen Träumen und Visionen fragen, könnte ich Ihnen eine Menge erzählen. Es sind kleine und große Ziele und Visionen, dich mich stützen und freuen – und wer weiß, was sich noch alles entwickeln will. Coaching als TV-Format beispielsweise ist etwas, an dessen Umsetzung ich bereits seit einiger Zeit arbeite: an einer TV-Serie, in der Menschen in beruflichen Umbruchsituationen die Techniken des DreamGuidance erleben und sich vor laufender Kamera bereits erste Veränderungen und Neuorientierungen zeigen, die in der Folgezeit grundlegende Wandlungsprozesse hervorrufen können. »Wendepunkt« heißt das gemeinsam mit dem bekannten Moderator und Professor für Fernsehjournalismus der Universität Dortmund, Michael Steinbrecher, der Kölner TV-Formatentwicklerin Patricia Eckermann und TV-Autor Stefan Müller entwickelte Format, das bestens geeignet ist, Coaching zu popularisieren.[31]

Und mich reizt noch vieles mehr. Wenn ich so richtig ins Träumen komme, dann insbesondere dieses: Ich möchte mit mir lieben

KollegInnen mit einer Cessna zu KlientInnen fliegen, immer dorthin, wo wir gerade dringend von Menschen in Krisen gebraucht werden – als »Flying Coaches«.

Die zitierten Coachees und gecoachten Journalisten

Sebastian Bohlan, Jahrgang 1975, Schreiner, Studium der Philosophie (abgebrochen) und des Maschinenbaus (noch nicht beendet). Zeitweise Selbstständigkeit als Schreiner.

Brigitte Breternitz, Jahrgang 1977, ist stolze alleinerziehende Mutter eines Sohnes. Sie leitet ein modernes Tanzstudio im Kölner Agnesviertel und fungiert als Artdirector, Choreografin und Coach der Künstleragentur PAKAMELE Productions. Nach einem pädagogischen Studium, unter anderem an der Deutschen Sporthochschule Köln und der Universität zu Erfurt, folgte ein Studium zur Bühnentänzerin und Tanzpädagogin für zeitgenössischen Tanz in Nürnberg. Zielstrebig und ausdauernd arbeitet sie nun an der Verwirklichung der eigenen Ideen, was durch die Eröffnung des Tanzstudios MADCITY Cologne und der Agenturräume im Juli 2007 seinen vorläufigen Höhepunkt fand. Darüber hinaus entwickelt sie neue Showkonzepte für die Bühne, konzipiert ihr erstes Album, bemalt Leinwände mit Ölfarben und produziert mit ihrer Dancecompany Hot Per Suit kurze, kunstvolle Tanzfilme für Internetportale. www.pakamele.com, www.madcitycologne.de, www.bb-dance.de.

Ursula Frese, Jahrgang 1958, ist Diplom-Pädagogin mit einer systemischen Familien- und Supervisions-Zusatzausbildung. Sie sammelte vielfältige Erfahrungen in ihrer Berufstätigkeit rund um das Thema »Alter«. Parallel dazu besuchte sie zahlreiche Fortbildungen im Bereich von Demenz und Palliative Care. Zudem ist sie engagiert in der Hospizbewegung. Im Jahr 2007 hat sie sich mit ihrem Unternehmen *Viadukt – Neue Wege in der Pflege* selbstständig gemacht. Sie entwickelt darin eine innovative Idee zur Begleitung von Pflegenden und Pflegebedürftigen. www.viadukt-pflege.de.

Verena Geisel, M.A., arbeitete in verschiedenen Positionen im Verlags- und Agenturgeschäft. Zu ihren großen Erfolgen zählt der Aufbau der gesamten Online-Kommunikation der AOK für einen der führenden Corporate Publisher. Als GF der imquadrat multimedia GmbH, Frankfurt am Main unterstützte sie Unternehmen in ihrer Corporate Communication. Seit 2006 lebt und arbeitet sie in Stuttgart als PR-Beraterin und Dozentin an der Hochschule. Was als Fachvorträge zum Thema »Internet und Corporate Publishing« begann, zieht sich als roter Faden durch ihr Leben: der Transfer von Wissen auf den Gebieten der Kommunikation. Heute berät sie die Medien- und Kreativwirtschaft unter anderem in Sachen Selbstständigkeit und Kooperationen. Mehr zum Leistungsspektrum: www.imquadrat.de.

Maria Ghestein, Jahrgang 1972, Studium der Sinologie und der Psychologie, acht Jahre PR-Journalismus. Heute ist ihre eigene PR-Agentur im Aufbau.

Sylvia Greßler, Jahrgang 1964, arbeitete nach einem Philologie-Studium in Köln und Moskau als Journalistin in Zentralasien, später für eine politische Stiftung in Armenien und Usbekistan. Zurück in Deutschland veröffentlichte sie wissenschaftliche Beiträge im Rahmen der Osteuropa-Forschung. Nach zwei Jahren als Texterin in der PR-Branche übernahm sie 1999 die Büroleitung eines technischen Kundendienstes. Darüber hinaus absolvierte sie ein Fernstudium im Fach Fremdsprachlicher Deutschunterricht und war danach nebenberuflich zeitweise als Lehrkraft in Deutschland und der ehemaligen Sowjetunion tätig. Heute engagiert sie sich ehrenamtlich für ein Kinder- und Jugendtheater als Übersetzerin von russischen Theaterstücken und als Aussprache-Trainerin. Außerdem übernimmt sie die Presse- und Öffentlichkeitsarbeit für diese Schauspielgruppen.

Iris Hammelmann ist Journalistin und Schriftstellerin mit eigenem Redaktionsbüro an der Lübecker Bucht. Sie hat eine große Affinität zu sozialen Themen, und ihre unbändige Lust auf das Abenteuer Leben treibt sie mit Rucksack und Zelt oder Hundeschlitten durch Landschaften fern der Zivilisation, begeistert sie für Menschen, die etwas bewegen, etwas verändern.
www.wortmeer.de.

Stefanie Hennigfeld, Jahrgang 1962, ist Seh- und Visualtrainerin und lebt in Hürth bei Köln. Von 1988 bis 2002 war sie in der Medienbranche sowohl angestellt als auch mit einer eigenen Filmproduktionsfirma tätig. Wegen einer Augenkrankheit suchte sie den ganzheitlichen Ansatz zur Behandlung und lernte das Sehtraining kennen. Sie ließ sich zur Seh- und Visualtrainerin ausbilden und arbeitet seit 2007 selbstständig in ihrem Sehzentrum »Durchblick« (www.durchblick-haben.de). Dort trainiert sie unter anderem Kinder, Sportler und Mitarbeiter von Firmen für ein gesundes Sehen und eine Verbesserung der (Seh-)Leistungsfähigkeit. Zudem ist sie Mitgründerin des Instituts für Sportsvision »Dynamic-Eye« (www.dynamic-eye.de).

Henrik Jäger, Jahrgang 1960. In den Jahren 1979 bis 1984 Studium der Katholischen Theologie in Tübingen; 1984 bis 1991 Studium der Sinologie, Japanologie und Philosophie in Freiburg, München und Taipeh. Von 1993 bis 2003 wissenschaftliche Assistententätigkeit im Institut für Sinologie, Trier. 1990 bis 2001 immer wieder längere Aufenthalte in Taiwan, zuletzt als Gastprofessor der Danjiang-Universität, Taipeh. Seit 2009 Arbeit am Forschungsprojekt »Die Konfuzianismusrezeption als Startpunkt der Aufklärung« an der Universität Hildesheim. Als Autor Publikationen über den chinesischen Philosophen Zhuangzi (*Mit den passenden Schuhen vergisst man die Füße*) und über Menzius (*Den Menschen gerecht*); beide Bücher erschienen im Amman Verlag, Zürich. Neben der

Tätigkeit als Wissenschaftler und Autor ist Henrik Jäger tätig als Berater und Seminarleiter. Mehr Informationen hierzu finden Sie unter www.henrikjaeger.de.

Beate Kubny-Lüke, Jahrgang 1961, Diplom-Pädagogin, Ergotherapeutin, Abteilungsleitung Sozialhilfe im Dezernat Soziales und Integration beim Landschaftsverband Rheinland in Köln. Nebenberuflich tätig in der Fort- und Weiterbildung, Autorin sowie Fachlektorin von Fachveröffentlichungen. Kontakt: kubny@netcologne.de.

Petra Labriga, Jahrgang 1966, seit 2001 Geschäftsführerin der Infotrieve GmbH, Köln – europäische Geschäftsstelle der Infotrieve Inc., USA (www.infotrieve.com). Gleichzeitig Vice President, Publisher Relations. Studium in Köln, Magister Artium 1993, seit 2011 Bachblütenberaterin und PentaDesign Coach.

Nicole Mankel, Jahrgang 1968, Gestalttherapeutin in Köln-Sülz, verheiratet. Nach vielen Jahren in Hamburg und wenigen Jahren in Konstanz arbeitet sie wieder in ihrer Geburtsstadt Köln. Sie liebt das Wasser und die Weite, arbeitet ehrenamtlich mit Teenagern und als Gestalttherapeutin mit Frauen und Männern, die mehr von sich wahrnehmen und erfahren wollen. www.nicolemankel.de.

Iris Möker, Jahrgang 1969, Abiturientin, Studentin, Zeitungsjournalistin, Fernsehautorin, Coach, Seminarleiterin, Pressereferentin im internationalen Kontext und nach der Geburt ihres Sohnes jetzt eigene Chefin der Agentur für Medienkommunikation imblick, ist glücklich und freut sich auf die Zukunft. Das ist Realität!

Stefan Müller, Jahrgang 1969, ist Literatur- und Medienwissenschaftler. Er lebt in Köln und arbeitet mit großem Spaß in seinem

Traumberuf als TV-Autor für Unterhaltung, Comedy und Serie. Seit über zehn Jahren schrieb und schreibt er, früher für die »Harald Schmidt Show« und »Die Nesthocker«, später unter anderem für »Schlag den Raab« und unzählige andere TV-Shows. Mittlerweile feiert sein gemeinsam mit seiner Frau verfasster Roman *Wir vom Neptunplatz* (Carlsen Verlag) Erfolge. www.antagonisten.de.

Franziska Muri ist Kulturwissenschaftlerin und vor allem journalistisch tätig. Seit frühester Jugend von ganzheitlichen und mystischen Themen fasziniert, lässt sie diese Bereiche immer mehr zu ihrem Schwerpunkt werden. Sie lebt im bayerischen Alpenvorland.

Kai Oppel, Jahrgang 1979, studierte in Erfurt Kommunikationswissenschaft und Psychologie (BA). Nach einem Volontariat arbeitete er lange Zeit als freier Mitarbeiter unter anderem für die Deutsche Presse-Agentur und den gms-Themendienst. Er war als freier Journalist etwa für *Financial Times Deutschland* und *SPIEGEL ONLINE* tätig und veröffentlichte mehrere Sachbücher, darunter *Business Knigge international, Business Knigge* und *Immobilienfinanzierung*. Heute ist er Vater und hat sich mit einer Agentur für Öffentlichkeit am Markt etabliert. Die im Buch enthaltenen Zitate stammen aus seinem bei *SPIEGEL ONLINE* im April 2007 veröffentlichten Text »Lustlos im Job. Im Tiefschlaf Karriere machen«.

Sandra Peermeyer, Jahrgang 1959, lebt und arbeitet in Bremen.

Christopher Patrick Peterka gewinnt mit seiner Werbeagentur aus dem Kinderzimmer einen Wettbewerb um die Markteinführung einer Telefongesellschaft. Wenig später ist er Politiker, Student, Marathonläufer, PR-Agenturinhaber und gründet zusätzlich die Kommunikationsberatung gannaca. Mit 24 Jahren erlebt er einen lebensbedrohlichen Burnout. Er sucht Rat bei COP – Birgitt

Morrien, geht in den gelingenden Wandel. Er findet die Balance zwischen Work und Life, wird Mitglied im Redaktionsbeirat eines der wichtigsten Schweizer Think Tanks, GDI. Sein Unternehmen gannaca expandiert und eröffnet eine internationale Dependance in Schanghai.

Sandra Przybylski, ehemals Personalleiterin bei der Endemol Deutschland GmbH, begleitet Menschen und Organisationen in Veränderungsprozessen durch Organisationsentwicklung und Coaching. Die Definition von Werten und Zielen, das Reflektieren von Verhalten sowie der Umgang mit Stress und Konflikten sind Themen ihrer täglichen Arbeit. Die Basis hierfür bilden neben ihrer langjährigen Erfahrung im Management und als Coach ein wertschätzender Umgang mit ihren Klienten und deren Anliegen. Ihr Talent, Theorie und Praxis anschaulich und nachhaltig zu vermitteln, setzt sie auch als Fachhochschuldozentin und in zahlreichen Seminaren ein.

Martina Raedler, Jahrgang 1973, ist studierte Betriebswirtschaftlerin, Schwerpunkt internationales Marketing. Arbeitete zunächst als Angestellte, dann als Freelancer, sammelte vielfältige Erfahrungen im Marketing etablierter Unternehmen, Start-ups und Agenturen. Ihrem Wunsch folgend, selbstständig im Bereich des Verkaufs und Marketings zu arbeiten und sich mit interessanten Produkten in einem kreativen Umfeld auseinanderzusetzen, gründete sie ihre eigene Marketingberatung für kleine und mittelständige Unternehmen. Ihr Angebot schließt die Lücke zwischen kreativer Werbeagentur und strategischer Unternehmensberatung. www.bueroacht.de.

Corina Rütten, Jahrgang 1972, Kunsthistorikerin und Projekt- und Prozessmanagerin. Seit 2009 Koordinatorin Öffentlichkeitsarbeit an der Universität Siegen. Lebt in Köln.

Christian Schneider, promovierter Kulturwissenschaftler, Psychoanalytiker, Filmemacher und Winzer. Im Rahmen einer Artikelrecherche zum Coaching mit DreamGuidance für die *Frankfurter Allgemeine Zeitung* arbeitete der Autor mit Birgitt Morrien zu persönlichen und beruflichen Perspektivenfragen. Zahlreiche Buchveröffentlichungen. Zuletzt: *Gefühlte Opfer. Illusionen der Vergangenheitsbewältigung* (mit Ulrike Jureit). Mit BLINDSPACE® hat der vielseitige Frankfurter ein neuartiges Trainingskonzept entwickelt, das jeden Teilnehmer radikal mit einer Ausnahmesituation konfrontiert. BLINDSPACE® heißt, sich im »blinden Raum« ungewohnten Handlungsanforderungen zu stellen und damit einer – kontrollierten – Krisenerfahrung.

Maryna Semashkevich wurde 1983 in Weißrussland geboren, studierte Fremdsprachen und Linguistik an der Universität in Minsk, danach Terminologie und Sprachtechnologie in Köln. Sie wohnt und arbeitet derzeit in Minsk. Ihre Texte wurden weitgehend aufgezeichnet von Iris Hammelmann, die im Coaching bei Birgitt Morrien den Weg zum Ghostwriting gefunden hat. Kontakt: www.wortmeer.de.

Christian Steigels lebt und arbeitet als Journalist in Köln. Neben seiner Tätigkeit als Magazin-Redakteur wirkt er als freier Autor auch für den Westdeutschen Rundfunk und den Südwestrundfunk.

Thomas Stromberg, Jahrgang 1964, 1985 bis 1990 Maschinenbaustudium, Fachrichtung Konstruktionstechnik. Ingenieur im Bereich Maschinenbau/Automotive, lebt in Köln. thstromberg@gmx.de.

Julia C. Suck, Jahrgang 1976, ist überzeugt von Entwicklungsfähigkeit und Selbstorganisationskraft, arbeitet ausgehend von Ressourcen und orientiert an Lösungen. In ihrer Tätigkeit als Trainerin und Beraterin begleitet sie Prozesse mit dem Ziel, aus Veränderungen Chancen zu entwickeln – individuell, in Teams oder Unternehmen. Ein ungewöhnlicher Weg für eine Diplom-Politologin. Die mehrjährige Erfahrung im sozialen Bereich, die Arbeit als Outplacement-Beraterin und ihre Erfahrung in Personalführung und -entwicklung haben sie geprägt. Nun steht das Interesse an Menschen im Vordergrund ihrer beruflichen Tätigkeit. Der Impuls zur stetigen Weiterentwicklung findet in der eigenen Beratungstätigkeit und in Trainings Raum, und ihre Affinität zu Texten und das Interesse an gesellschaftlich relevanten Projekten lässt sie in die Konzepterstellung zur Akquise von Fördermitteln, insbesondere für Non-Profit-Organisationen, einfließen. www.unite-it-consulting.org.

Rogner van Delft, Jahrgang 1976, studierte Volkswirtschaft (M.Sc.) in Lausanne (Schweiz), Puebla (Mexiko) und Barcelona (Spanien). Er arbeitete als Konjunkturforscher bei der schweizerischen Regierung in Bern. Von 2005 bis 2011 lebte und arbeitete er in Afrika, zuerst bei der Wirtschaftskommission für Afrika (ECA) in Addis Abeba (Äthiopien) und später bei der Weltbank in Maputo (Mosambik). Im Moment ist er Vater und Hausmann.

Sina Vogt, arbeitet freiberuflich als Coach, Moderatorin und Organisationsberaterin. 2006 bis 2009 Leiterin Presse und Öffentlichkeitsarbeit der Uniklink Köln. Vorher freiberufliche Autorin mit den Themenschwerpunkten Menschenrechte/Todesstrafe und Gesundheit/Medizin. Lebt bei Köln und ist in ihrer Freizeit leidenschaftliche Amateurschauspielerin. www.sinavogt.eu.

Kathrin Wagner lebt und arbeitet als Journalistin in München.

Jutta Westphal, Jahrgang 1971, geboren in Düsseldorf. Marketing-Kommunikationswirtin, Fachkauffrau für Public Relations und Bachelor of Arts Kommunikations- und Multimediamanagement. Executive MBA für Technologiemanager. www.jelly-consult.de.

Anmerkungen

1   Christian Schneider: »Die Entdeckung der Wünsche«, auf:
    www.coaching-blogger.de > Themen > Fallgeschichten.
    Erstveröffentlichung am 23. Juni 2006.

2   »Ob 30 oder 60 – wenn die Karriere endet«, Talkrunde des Deutschland-
    funks mit Heide Simonis, Birgitt Morrien und anderen (16. April 2010).

3   Carlo Zumstein: *Reise hinter die Finsternis. Mit Schamanenkraft aus der
    Depression.* Neuausgabe. München: Heyne 2011. Als Core-Schamanismus
    wird der von Michael Harner begründete, gewissermaßen moderne
    Schamanismus bezeichnet, der das Wesentliche, den Kern (*Core*),
    unterschiedlicher alter schamanischer Traditionen vereint und gewisser-
    maßen als deren Essenz auch im Alltag heutiger Großstädter gewinn-
    bringend genutzt werden kann (vgl. Michael Harner: *Der Weg des
    Schamanen. Ein praktischer Führer zu innerer Heilkraft.* München:
    Ariston 1999). Auf Harner berufen sich zahlreiche, heute populäre
    Autorinnen und Autoren wie Sandra Ingerman, Paul Uccusic und eben
    Carlo Zumstein.

4   Joachim Faulstich: *Das Innere Land. Bewusstseinsreisen zwischen Leben
    und Tod.* München: Knaur 2003, S. 70.

5   Arnold van Gennep: *Übergangsriten. (Les rites de passage).* Frankfurt/M.:
    Campus, Neuausgabe 2005. Das Original erschien erstmals Anfang des
    20. Jahrhunderts.

6   Richard Wilhelm: *I Ging. Text und Materialien,* München: Diederichs
    1999; R. L. Wing: *Das Arbeitsbuch zum I Ging,* München: Goldmann
    2004. Ebenfalls empfehlenswert in diesem Zusammenhang: Henrik Jäger:
    *Mit den passenden Schuhen vergisst man die Füße. Ein Zhuangzi-Lese-
    buch.* Zürich: Ammann 2009.

7   Morrien, Birgitt E.: *DreamGuidance. Coaching zur Entdeckung, Erfor-
    schung und Aktivierung intuitiver Intelligenz.* Bonn: CUID Publications
    2001, S. 11 ff.

8   Zitiert in Christian Feldmann: »Gott wohnt im Scheitellappen«, in:
    Publik Forum, Nr. 17/2003, S. 29.

9   Gerald Hüther: »Wie man sein Gehirn optimal nutzt«. Originalvortrag,
    den er auf dem Kongress »Die Kraft von Imaginationen und Visionen« in
    Heidelberg im Mai 2008 hielt. Als Doppel-CD erschienen bei Auditorium.

10 Gordon W. Lawrence: »Social dreaming as a tool of action research«.
    Unveröffentlichter Erfahrungsbericht, S. 12. Siehe dazu auch den von mir
    übersetzten und online veröffentlichten Beitrag des Autors: »Dreamtime
    im Management«, Teil 1 und 2, in: www.coaching-blogger > Themen >
    Transparente Konzepte.

11 Christian Schneider: »Die Entdeckung der Wünsche«, auf:
    www.coaching-blogger.de > Themen > Fallgeschichten.
    Erstveröffentlichung am 23. Juni 2006.

12 Vgl. *Humor: International Journal of Humor Research.*

13 Ismene Poulakos: »Rasant durch Raum und Zeit. Die Kölnerin Birgitt
    Morrien coacht mit Tagträumen. Wir haben die Methode getestet«,
    in: *Kölner Stadtanzeiger / Magazin*, 25. Mai 2007.

14 Unter anderem auf meiner Website informiere ich die KlientInnen auch
    darüber, welche Fördermöglichkeiten es gibt. www.cop-morrien.de >
    Coaching.

15 Christian Schneider: »Die Entdeckung der Wünsche«, auf:
    www.coaching-blogger.de > Themen > Fallgeschichten.
    Erstveröffentlichung am 23. Juni 2006.

16 Claus Peter Simon: *Die Ich-Formel. 15 Wege zu einem glücklichen Selbst.*
    München: Piper 2011.

17 Christopher Peterka kommt auch in einem zehnminütigen Trailer zum
    TV-Coaching zu Wort, siehe www.cop-morrien.de > Referenzen >
    Medienecho TV.

18 Mehr Informationen zur Autorin finden Sie unter www.gisa-kloenne.de.

19 Christian Schneider: »Die Entdeckung der Wünsche«, auf:
    www.coaching-blogger.de > Themen > Fallgeschichten.
    Erstveröffentlichung am 23. Juni 2006.

20 Ebd.

21 Auf meiner Website finden sich fortlaufend aktualisierte Informationen
    über mögliche Förderoptionen. www.cop-morrien.de > Coaching.

22 Wenn Sie den gesamten Coaching-Prozess mit einem Private Coach
    durchlaufen wollen, der Sie bei allen Übungen, Phasen und Schritten
    begleitet, empfehle ich Ihnen den Ratgeber *Erfolg mit DreamGuidance.*
    Unbewusste Intelligenz stärken und nutzen, den ich gemeinsam mit Iris
    Hammelmann 2008 bei Lüchow veröffentlicht habe.

23 Vgl. Hilarion Petzold, Hildegund Heinl: *Psychotherapie und Arbeitswelt.*
    Paderborn: Junfermann 1996.

24 Viktor E. Frankl: ... *trotzdem Ja zum Leben sagen. Ein Psychologe erlebt das Konzentrationslager*. München: Kösel, 3. Aufl. 2012.

25 Als Informationsfeld bezeichne ich den Raum, der die Identität der gestellten Person, in diesem Fall die Ahnin oder der Ahne, kennzeichnet. Matthias Varga von Kibéd und Insa Sparrer, die Begründer der Systemischen Strukturaufstellungen, sprechen in diesem Rahmen von »repräsentativer Wahrnehmung«.

26 Gerald Hüther: »Wie man sein Gehirn optimal nutzt«. Originalvortrag, den er auf dem Kongress »Die Kraft von Imaginationen und Visionen« in Heidelberg im Mai 2008 hielt. Als Doppel-CD erschienen bei Auditorium.

27 Manfred Spitzer, Norbert Herschkowitz: *Wie Erwachsene denken I. Auf dem Weg zum Erfolg*. Etsdorf: Galila 2010.

28 Joachim Faulstich: *Das Innere Land. Bewusstseinsreisen zwischen Leben und Tod*. München: Knaur 2003, S. 74.

29 Matthias Varga von Kibéd, Insa Sparrer: *Ganz im Gegenteil*. Heidelberg: Carl-Auer-Systeme, 5. Aufl. 2005, S. 19.

30 Vgl. www.cop-morrien.de/downloads/handelsblatt-morrien.pdf.

31 Erste Trailer zur Sendung finden Sie unter www.cop-morrien.de > Media >TV & Video. Wir sind momentan offen für Interessenten, die in ein web-basiertes TV-Format dieser Art investieren möchten, beziehungsweise für Unternehmen, in deren Kommunikationslinie sich ein solches Konzept im Rahmen eines Sponsorings integrieren lässt.

Literatur

Ahlert, R.: *Spiritualität, Kunst und das Unbewusste.* Frankfurt/M.: Brandes und Apsel 2009

Bäcker, M.:»Coaching-Omnibus. Gute Lösungen für alle«. Interview mit Birgitt Morrien im Rahmen einer Artikelrecherche für die *Welt am Sonntag*. In: *Coaching-Blogger,* 11. Oktober 2010

Bentner, A.: *Erfolgsfaktor Intuition. Systemisches Coaching von Führungskräften.* Göttingen: Vandenhoeck & Ruprecht 2008

Bischof-Köhler, D.: *Soziale Entwicklung in Kindheit und Jugend. Bindung, Empathie, Theory of Mind.* Stuttgart: Kohlhammer 2011

Cappon, D.: *Intuition and Management: Research and Application.* Westport: Quorum Books 1994

Contino, R. M.: *Intuitive Intelligenz. Nutzen Sie die Kraft der Eingebung für Ihren beruflichen Erfolg.* Wien: Signum 1997

Dijksterhuis, A.: *Das kluge Unbewusste. Denken mit Gefühl und Intuition.* Stuttgart: Klett-Cotta 2010

Dörner, D. u. a.: *Kognitive, emotionale und motivationale Determinanten des Handelns und die Prognose ihrer Wirksamkeit.* Bamberg: Universität Bamberg 1996

Duggan, W.: *Strategic Intuition. The Creative Spark in Human Achievement.* New York: Columbia Business School 2007

Einstein, P.: *Intuition. The Path to Inner Wisdom. How to Discover and use your Greatest Natural Resource.* London: Robson Books 2002

Faulstich, J.: *Das Innere Land. Bewusstseinsreisen zwischen Leben und Tod.* München: Knaur 2003

Gennep, A. v.: *Übergangsriten. (Les rites de passage).* Frankfurt/M.: Campus, Neuausgabe 2005

Gesterkamp, T.:»Karriere im Schlaf. Eine Kölner Trainerin nutzt Träume als verborgenes Potential«, in: *Süddeutsche Zeitung,* 18. März 2003

Gigerenzer, G.: *Bauchentscheidungen: Die Intelligenz des Unbewussten und die Macht der Intuition.* München: Bertelsmann 2007

Gilovich, T.: *Heuristics and Biases. The Psychology of Intuitive Judgement.* Cambridge: University Press 2002

Ingerman, S.: *Auf der Suche nach der verlorenen Seele. Der schamanische Weg zu innerer Ganzheit.* München: Ariston 2008

Harner, M.: *Der Weg des Schamanen. Ein praktischer Führer zu innerer Heilkraft.* München: Ariston 1999

Hellinger, B.: *Die Quelle braucht nicht nach dem Weg zu fragen.* Heidelberg: Carl-Auer-Systeme, 5. Aufl. 2007

Hobson, J. A.; Voss, U.: »A Mind to Go Out of: Reflections on Primary and Secondary Consciousness«. http://dx.doi.org/10.1016/j.concog.2010.09.018.

Hofmann, J.; Helbach-Grosser, S.: *Erfolg im Job mit Stil und Intuition. So kultivieren Sie Ihre Persönlichkeit.* Renningen: Expert 2007

Hörmann, K. Z.: *Fühlen ist klüger als denken! Mit Intuition die richtigen Entscheidungen treffen.* Bielefeld: J. Kamphausen 2011

Jackson, G.: *Executive ESP: Access Your Intuition for Business Success.* New York: Pocket Books 1989

Kast, B.: *Wie der Bauch dem Kopf beim Denken hilft. Die Kraft der Intuition.* Frankfurt/M.: S. Fischer 2009

Kibéd, M. V. v.; Sparrer, I.: *Ganz im Gegenteil. Tetralemmaarbeit und andere Grundformen Systemischer Strukturaufstellungen – für Querdenker und solche, die es werden wollen.* Heidelberg: Carl-Auer-Systeme, 5. Aufl. 2005

King, A.: *Seelen-Coaching mit der Timeline-Methode. 38 Seelen-Geschichten von Menschen, die durch eine mentale Zeitreise ihre Probleme auf überraschend einfache Art und Weise gelöst haben.* Norderstedt: Books on Demand 2009

Koestler, A.: *The Act of Creation.* New York: Penguin Arkana 1989

Larro-Jacob, A.: *Imaginative Techniken im Coaching.* Heidelberg: Springer 2007

Lawrence, G. W.: »Social Dreaming as a Tool of Action Research«, (unveröffentlichter Erfahrungsbericht)

Lutz, A.: »Dream-Coaching für Karrieren mit Sinn«. Deutsche Welle TV. Auf: www.cop-morrien.de > Referenzen > Medienecho TV

Miles, M. B.; Huberman, A. M.: *Qualitative Data Analysis. An Expanded Sourcebook.* Thousand Oaks: Sage Publications Ltd. 1994

Morrien, B. E.: »Der Mozart in uns allen«. Coaching-Kolumne, in: *Kölner Stadtanzeiger/Magazin*, 1./2. März 2008

Morrien, B. E.: *DreamGuidance. Coaching zur Entdeckung, Erforschung und Aktivierung intuitiver Intelligenz.* Bonn: CUID Publications 2001

Morrien, B. E.: »Fallbeispiel: Wenn Emotionen überkochen«, in: *managerSeminare*, Heft 79, September 2004

Morrien, B. E.: »Selbstbewusstsein in der Krise. Unter Druck klug entscheiden. Impuls-Beratung einer Managerin am beruflichen Wendepunkt vor 200-köpfigem Publikum«. Live-Mitschnitt. Auf: http://vimeo.com/15734244 2011

Morrien, B. E.: *Traumhaft gelöst: Coaching mit DreamGuidance.*, Norderstedt: Books on Demand 2007

Morrien, B. E.; Hammelmann, I.: *Erfolg mit DreamGuidance. Unbewusste Intelligenz stärken und nutzen.* Stuttgart: Lüchow 2008

Morrien, B. E.; König, Claudia (Hrsg.): *DreamGuidance Studie von 2002–2010,* in Kooperation mit der Leibniz Universität Hannover, verfügbar unter: www.cop-morrien.de/coaching-mit-dreamguidance/coaching-forschung

Morrien, B. E.; Steinbrecher, M.: »Wendepunkt.TV: Die Coaching-Show für neue Lebens-Perspektiven. Konzept und Ablaufplan«, in: *Coaching-Blogger*, 1. Dezember 2011

Murray, E.: »Intuitive Coaching«, in: *Industrial and Commercial Training.* Bingley, E., Bd. 36. 2004, 5, S. 203–206

Oppel, K.: »Lustlos im Job? Im Tiefschlaf Karriere machen«, in: *SPIEGEL ONLINE*, 3. April 2007

Plessner, H. u. a.: *Intuition in Judgement and Decision Making.* New York: Lawrence Erlbaum 2007

Portmann, K.: »Abschied vom ›Prinzip rationaler Verblödung‹: Träumend zum Erfolg?«, in: *dpa-Newsletter für Wirtschaftsma-nagerInnen der Deutschen Post,* August 2003

Possehl, G. u. a.: *Trust yourself! Wie Sie Ihre Intuition für Entscheidungen nutzen.* Freiburg: Haufe 2008

Poulakos, I.: »Rasant durch Raum und Zeit. Die Kölnerin Birgitt Morrien coacht mit Tagträumen – Wir haben die Methode getestet«, in: *Kölner Stadtanzeiger/Magazin,* 25. Mai 2007

Prenger, C.: »Sich neu erfinden. Vielseitige Brummer im Coaching bei Birgitt Morrien«. Interview, in: *Coaching-Blogger,* 10. Januar 2012

Prochnow, E.: »Kraft durch Dialog. Über Management-Coaching mit DreamGuidance«, in: *Impulse,* Januar 2005

Rosenzweig, R.: *Geistesblitz und Neuronendonner: Intuition, Kreativität und Phantasie.* Paderborn: Mentis 2010

Schulz, M. L.: *Intuition – die andere Art des Wissens. Wie wir die Körper-Seele für Erkenntnis und Heilung aktivieren können.* München: Goldmann 2000

Simon, C. P.: *Die Ich-Formel. 15 Wege zu einem glücklichen Selbst.* München: Piper 2011

Spencer-Arnell, L.: *Emotional Intelligence Coaching: Improving Performance for Leaders, Coaches and the Individual.* London: Kogan Page 2011

Stehr, C.: »Erfolg im Schlaf? Traumdeutung als Coaching-Methode«, in: *Handelsblatt,* Nr. 195, 1999

Steigels, C.: »Zurück in die Zukunft. DreamGuidance-Coaching im Selbstversuch«, in: *Weiterbildung. Kurskompass für Köln,* Ausgabe 2011/12. S. 12–13

Strassmann, B.: »Träumen Sie sich erfolgreich! Dream-Coaching ist die neueste Entdeckung der Management-Trainer«, in: *DIE ZEIT,* Nr. 14, 30. März 2000

Tepperwein, K. u. a.: *Die Kraft der Intuition: Die geistigen Erfolgsgesetze.* München: Goldmann 2011

Traufetter, G.: *Intuition. Die Weisheit der Gefühle.* Reinbek: Rowohlt 2007

Tschinag, G.; Kaluza, M.; Kornwachs, K.: *Der singende Fels. Schamanismus, Heilkunde, Wissenschaft.* Zürich: Unionsverlag 2010

Voss, U.:»Luzides Träumen«, in: *Gehirn & Geist,* 2011, Heft 3, S. 48–52

Voss, U.:»Wenn Blinde vom Sehen und Taube vom Hören träumen. Neueste Traumforschungsergebnisse«, in: *Deutschlandradio,* 19. September 2011

Voss, U.; Barrett, D.; McNamara, D. (Hrsg.): *Lucid Dreaming. Encyclopedia of Sleep and Dreams.* Westport: Praeger Publishers 2012

Weber, B.; Schmieding, B.:»Ob 30 oder 60. Wenn die Karriere endet«. Talkrunde mit Heide Simonis, Birgitt Morrien u. a., gesendet in: *Lebenszeit,* Deutschlandfunk, 16. April 2010

Willenbrock, H.:»Die gute Wahl der Entscheidung«, in: *GEO,* Heft 8/2008, S. 138–152

Wöhlke, S.: *Intuition. Über Bedeutung und Nutzen unserer inneren Stimme.* Norderstedt: Grin 2009 (Studienarbeit)

Wolf, F. A.: *Die Physik der Träume. Von den Traumpfaden der Aborigines bis ins Herz der Materie.* München: dtv 1997

Zumstein, C.: *Reise hinter die Finsternis. Mit Schamanenkraft aus der Depression.* München: Heyne 2011

Durch Coaching
weiterkommen

Sabine Asgodom
SO COACHE ICH
25 überraschende Impulse, mit
denen Sie erfolgreicher werden
ISBN 978-3-466-30935-1

Jon Christoph Berndt
DIE STÄRKSTE MARKE SIND SIE
SELBST!
Das Human Branding Praxisbuch
ISBN 978-3-466-30928-3

Christine Koller/Stefan Rieß (Hrsg.)
JETZT NEHME ICH MEIN
LEBEN IN DIE HAND
21 Coaching-Profis verraten
ihre effektivsten Strategien
ISBN 978-3-466-30825-5

Christine Koller/
Katarzyna Mol (Hrsg.)
IN MIR STECKT NOCH
VIEL MEHR
21 Profis zeigen,
wie Sie Ihr Potenzial nutzen.
Das Coaching-Handbuch
ISBN 978-3-466-30902-3

Erfolg im Beruf

Andrea Lienhart
RESPEKT IM JOB
Strategien für eine andere
Unternehmenskultur
ISBN 978-3-466-30887-3

Isabel Nitzsche
**SPIELREGELN IM JOB
DURCHSCHAUEN**
Frauen knacken den Männer-Code
ISBN 978-3-466-30941-2

Regina Först
PEOPLE FÖRST
Die 7 Business-Gebote
ISBN 978-3-466-34534-2

Sabine Asgodom (Hrsg.)
**DIE FRAU, DIE IHR
GEHALT MAL EBEN
VERDOPPELT HAT …**
25 verblüffende
Coaching-Geschichten
ISBN 978-3-466-30788-3